So
Easy !

make things

simple and enjoyable

太雅

開始在歐洲
自助旅行

作者◎蘇瑞銘・鄭明佳

大雅

愛沙尼亞的首都──塔林(Tallinn)

So Easy 082

開始在歐洲自助旅行(新第四版)

作　　　者　蘇瑞銘・鄭明佳

總　編　輯　張芳玲
編輯部主任　張焙宜
發 想 企 劃　taiya旅遊研究室
企 劃 編 輯　張敏慧
主 責 編 輯　謝樹華
修 訂 主 編　賴怡伶、鄧鈺澐、黃琦
封 面 設 計　余淑真
美 術 設 計　吳美芬
地 圖 繪 製　吳美芬、楊方婷、涂巧琳
修 訂 美 編　余淑真

太雅出版社
TEL：(02)2882-0755　FAX：(02)2882-1500
E-mail：taiya@morningstar.com.tw
郵政信箱：台北市郵政53-1291號信箱
太雅網址：http://taiya.morningstar.com.tw
購書網址：http://www.morningstar.com.tw
讀者專線：(04)2359-5819 分機230

出 版 者　太雅出版有限公司
　　　　　台北市11167劍潭路13號2樓
　　　　　行政院新聞局局版台業字第五〇〇四號

總 經 銷　知己圖書股份有限公司
　　　　　106台北市辛亥路一段30號9樓
　　　　　TEL：(02)2367-2044／2367-2047　FAX：(02)2363-5741
　　　　　407台中市西屯區工業30路1號
　　　　　TEL：(04)2359-5819 FAX：(04)2359-5493
　　　　　E-mail：service@morningstar.com.tw
　　　　　網路書店：http://www.morningstar.com.tw
　　　　　郵政劃撥：15060393(知己圖書股份有限公司)

法律顧問　陳思成律師

印　　刷　上好印刷股份有限公司　TEL：(04)2315-0280
裝　　訂　大和精緻製訂股份有限公司　TEL：(04)2311-0221

四　　版　西元2019年04月10日
定　　價　340元
(本書如有破損或缺頁，退換書請寄至：台中市西屯區工業30路1號　太雅出版倉儲部收)

ISBN 978-986-336-305-7
Published by TAIYA Publishing Co.,Ltd.
Print in Taiwan

國家圖書館出版品預行編目(CIP)資料

開始在歐洲自助旅行 / 蘇瑞銘, 鄭明佳作.
-- 四版. -- 臺北市：太雅, 2019.04
面；　公分. -- (So easy；82)
ISBN 978-986-336-305-7(平裝)

1.自助旅行 2.歐洲

740.9　　　　　　　　　　108001348

作者序

歐洲申根國家，自西元2011年起開放台灣觀光客免簽證入境，半年內可多次進出總計達90天，可說是為台灣人民開了一道方便的觀光大門，隨時買張機票就能輕鬆前往歐洲。

整體來説，歐洲地區的公共交通網非常發達，許多國家又有針對觀光客推出的各種優惠票券，只要事先做好功課，是非常適合自助旅行的一塊大陸。要自己規畫自助旅遊，當然是少不了一本好用的工具書，本書從如何選擇目的地、行程規畫、行前的準備工作、退税須知、交通運用、吃住建議至各國重點城市介紹，應有盡有。對於沒有自助旅行經驗的新手，也可直接利用書中已規畫之行程範例照表操課，既享有自助的悠閒又省去規畫的麻煩。

兩位作者希望用本身豐富的自助旅行經驗，不藏私地跟讀者們分享。現在就跟著書中的介紹，為自己規畫一趟專屬的歐洲之旅吧！

關於作者

蘇瑞銘(Ricky)

目前旅居瑞士南部的Bellinzona，以經營民宿及寫稿來賺取旅行的經費。由於出國很便利，因此平均每1～2個月便會安排一趟自助旅行，除了欣賞各地美麗怡人的風景之外，更希望藉由深入當地人的生活，來體驗不同的文化民情，尤其是那些千奇百怪又冷門的私房景點。

蘇瑞銘(Ricky)

鄭明佳(Nancy)

每年至少會出國旅行一次來犒賞自己。原本連跟團旅行都堅持要有友人同行的小女子，因為被朋友一再放鴿子而賭氣跑去澳洲遊學兼旅行，從此變成愛上自助旅行的勇敢背包客。雖然旅遊的準備工作有點辛苦，但旅行中的快樂及滿足，卻是用錢買不到的。曾經住過一晚就想逃走的恐怖青年旅館，也住過超有設計感的旅店，不過最愛還是各國的溫馨民宿。

鄭明佳(Nancy)

目 錄

10

行程規畫篇

82

行前準備篇

編輯室提醒

出發前，請記得利用書上提供的Data再一次確認

每一個城市都是有生命的，會隨著時間不斷成長，「改變」於是成為不可避免的常態，雖然本書的作者與編輯已經盡力，讓書中呈現最新最完整的資訊，但是，我們仍要提醒本書的讀者，必要的時候，請多利用書中的電話，再次確認相關訊息。

資訊不代表對服務品質的背書

本書作者所提供的飯店、餐廳、商店等等資訊，是作者個人經歷或採訪獲得的資訊，本書作者盡力介紹有特色與價值的旅遊資訊，但是過去有讀者因為店家或機構服務態度不佳，而產生對作者的誤解。敝社申明，「服務」是一種「人為」，作者無法為所有服務生或任何機構的職員背書他們的品行，甚或是費用與服務內容也會隨著時間調動，所以，因時因地因人，可能會與作者的體會不同，這也是旅行的特質。

新版與舊版

太雅旅遊書中銷售穩定的書籍，會不斷再版，並利用再版時做修訂工作。通常修訂時，還會新增餐廳、店家，重新製作專題，所以舊版的經典之作，可能會縮小版面，或是僅以情報簡短附錄。不論我們作何改變，一定考量讀者的利益。

票價震盪現象

越受歡迎的觀光城市，參觀門票和交通票券的價格，越容易調漲，但是調幅不大(例如倫敦)，若出現跟書中的價格有微小差距，請以平常心接受。

謝謝眾多讀者的來信

過去太雅旅遊書，透過非常多讀者的來信，得知更多的資訊，甚至幫忙修訂，非常感謝你們幫忙的熱心與愛 好旅遊的熱情。歡迎讀者將你所知道的變動後訊息，善用我們提供的「線上回函」或是直接寫信來taiya@morningstar.com.tw，讓華文旅遊者在世界成為彼此的幫助。

太雅旅行作家俱樂部

如何使用本書

本書是針對旅行歐洲而設計的實用GUIDE。設身處地為讀者著想可能會面對的問題,將旅人會需要知道與注意的事情通盤整理。

除了全歐洲概況,更專對歐洲四大鐵路網:瑞士、法國、英國、德國的購票方式,提供圖解解說。豐富多元的行程規畫,短程有3~5日單點城市共9大城,長程擴及10~15日的跨國遊或單國深度遊,並且包含每日詳細的交通方式說明、旅遊重點資訊。

專治旅行疑難雜症:辦護照、購買機票、出境手續、行李打包、搭乘交通工具、行程安排、打國際電話、選擇住宿,本書全都錄。

提供實用資訊:各城市行程規畫建議、玩樂景點、交通工具比較分析、讓相關聯絡資料與查詢管道不再眼花撩亂。

Step by Step 圖文解說
鐵路網購票、航空公司購票、巴士網站購票,全程Step by Step圖解化,清楚說明使用流程。

觀光情報
關於英國、法國、義大利、西班牙、瑞士、德國、挪威、丹麥、捷克、奧地利、匈牙利、愛沙尼亞、拉脫維亞、立陶宛,重點玩樂景點推薦!

提供實用的行程規畫
收錄單點城市(3~5日遊)、單國深度遊(10~15日)、跨國/主題式旅遊(10~15日),還有近郊小旅行,讓你有超多組合可以任意替換、搭配。附有行程地圖,幫助了解各景點位置、行程順序與走法。

資訊符號解說

- ➡ 交通
- ❗ 重點資訊

資訊符號解說

- ✈ 飛機
- 🚆 火車
- 🚇 地鐵/電車
- 🚌 公車
- 🚕 計程車
- 🚶 步行
- 🏠 住宿

行程規畫篇
Travel Planning

23條行程照著玩

在歐洲眾多國家之中,要如何選擇旅遊的目的地?如何安排一趟完美的
假期?答案絕對是因人而異。畢竟每個人的假期長短、興趣都不一樣,
因此選擇適合自己的旅程,便是跨出自助旅行的第一步!

該去**哪些國家旅行**？

你是否計畫來歐洲自助旅遊，而煩惱不知道該從哪裡著手呢？這是必然的現象。畢竟歐洲這麼多國家，每個地方都有不同的文化特色，許多人想去歐洲旅遊卻覺得像無頭蒼蠅一樣，既盲目又不曉得怎樣規畫一趟完美的旅行。其實只要針對自己的需求並安排妥當的行程，去歐洲自助旅遊一點都不困難。

俄羅斯：聖彼得堡的滴血救世主教堂

依照假期長短來安排

10天之內的短假期

　　如果你的假期不超過10天，建議選擇面積小的國家為目的地。因為光是扣掉前後2天的飛行時間，只剩下8個整天可以觀光，若是前往國土大的國家，點對點之間的交通又會浪費不少時間。這樣算一算根本玩不到什麼，更不要說安排跨國或是多國的行程了。出門旅遊，真的不需要把自己搞得這麼累，像這種短期的旅遊，可以考慮瑞士、奧地利、捷克等小國，或是大國家的單一城市就好。

14天以上的長假期

　　假期超過2週的情況，便能有更多的選擇性，甚至可以考慮來個跨國之旅。通常2～3週的假期差不多可以把小國家玩得很深入，若是選擇大國家的話，如法國、德國、西班牙、義大利等國土廣大的地方，至少得花2、3週才能將重點看完而已。如果你是喜歡深度旅遊的人，也許選擇某個國家的某區域來參觀即可。

針對自己喜好來安排

　　想去哪裡玩、想看什麼樣的景點，當然要以自己的興趣為主，別人的意見再多都只能參考用。如果你喜歡看歷史古蹟，羅馬、希臘等具有豐富歷史文化的國家就是不錯的選擇；若是你偏好天然景觀，瑞士的阿爾卑斯山、挪威的峽灣、英國的湖區都擁有絕佳的美景；倘若你喜歡繁華的大城市，倫敦、巴黎、阿姆斯特丹都能提供五花八門的都會風情。因此旅遊的目的地，一定要針對本身的喜好，才能達到最大滿足的效益。

希臘充滿了純淨的藍與白

瑞士(圖為瑞士的Verbier)是歐洲治安最好的國家之一

治安和環境也要考慮

出門旅遊，環境的因素當然要列入考慮。基本上，歐洲國家不算危險，可是也不能說絕對安全。像西班牙、義大利這些南歐國家，因為外來移民多，治安相對也比較差一些，觀光客被偷被搶的情況時有所聞，所以一個女生單獨前往這些國家的話，一定要很小心，最好是能夠結伴同行。

第一次來歐洲自助旅遊，不妨選擇荷蘭、瑞士或奧地利等，治安好又簡單的入門國家。至於巴爾幹半島諸國，如波士尼亞、羅馬尼亞、保加利亞等國，由於旅遊資訊比較缺乏，建議行前先做足功課才上路。

其次，天氣的考量也非常重要，如果你怕曬太陽，那最好避開夏天去希臘、義大利、西班牙等南歐國家，這些國家夏季都曾經有超過攝氏40度高溫的紀錄，走在街上可能覺得自己快被陽光融化了。如果有高山症或是不便行走的人，那阿爾卑斯山區可能就不太適合了，因為將會有不少健行或是走路的機會。

善用肢體語言

還有一個大家很關心的問題，就是語言。一般人的印象中，歐洲人好像不太愛講英文，這該怎麼辦呢？整體來說，英文在歐洲各國已經有越來越普及的趨勢，畢竟他們還是得做觀光客的生意。除了某些鄉下地方之外，大多數的旅遊地區都能以英文來溝通，而且年輕一輩的歐洲人英文程度比上一代好很多。根據我本身的經驗，如果事先有做好充足的功課，即使英文不好的人，一樣可以在歐洲通行無阻。萬一真的遇到沒辦法溝通的情況，善用肢體語言和微笑絕對是不二法門。

荷包鬆緊決定旅遊區域

歐洲國家的高消費，讓很多人對於來歐洲旅遊只能望而生畏，來一趟歐洲應該有燒錢的感覺吧？有人會認為，他們一輩子可能只來這麼一次，所以非得要好好地玩夠本不可。如果你有這樣的觀念，那一定要改過來，因為你絕對還有機會來第二次，與其走馬看花，倒不如放慢腳步欣賞，正所謂「在精，不在多」。

物價和時間點決定旅費

首先，並不是每個歐洲國家的物價都高得嚇人，挪威、瑞士算是最貴的國家，大約是台灣的3倍。在經費不足的情況，你也許可以避開這些高消費的地方，找便宜的東歐國家開始，例如捷克、波蘭、波羅的海三小國等，這些是消費便宜又能體驗歐洲風情的理想選擇。其次要抓對時機，最近歐元一直低靡不振，就是前往歐元國家旅遊的好機會了。

機票及住宿通常占旅費的一半以上，若是能從這兩項省下費用，對於旅行也會有很大的幫助。像6～9月的暑假期間，向來是機票最昂貴的季節，假如能夠避開旺季，必定可以省下不少機票錢。住宿方面，歐洲地區有許多青年旅館或是民宿，費用比一般星級旅館低廉，環境也不錯，是另一種節省旅費的方法。

動手做**行程規畫**

來歐洲旅遊,該如何安排行程才恰當呢?以下針對了歐洲各國熱門的旅遊景點,為大家規畫不同的行程路線。如果你的假期長短剛好可以配合,那就按表操課,跟著書上的路線走即可。若是你的天數不夠多,也可以截取自己喜歡的部分行程,對大家在旅遊規畫上更有幫助。

路線安排方式建議

瑞士的琉森(Luzern)

定點放射式
適合小國家,或是大國家的某區域

所謂定點放射式的玩法,就是以某個城市為據點,然後每天搭車出門在附近的景點旅遊。這個方式的好處就是可以待在同一住宿地方,省去打包行李換旅館的麻煩,而且機動性也比較高。舉例來說,計畫待在某地1週做放射式玩法的話,可以依天氣或是其他的因素考量,將這幾天想參觀的地點前後互相對調,並不會因此而影響到整個行程。

我個人還滿喜歡定點放射式的玩法,經常旅行的人一定都知道,每天打包行李是很累人的工作。出門旅行,玩的時間都不夠了,如果再浪費時間整理行李及換旅館的話,那玩起來一點都不盡興。

環繞式　適合大國家

環繞式的路線規畫,是以環狀的方式來參觀,不斷地往下個目的地前進,一直到最後才返回最開始的地方搭機,概念就像是環島遊台灣差不多。這種行程規畫的好處,比較不會走到重複的路線,也可以安排從最後一個點直接搭飛機返家,不過這樣的路線安排就需要按部就班來進行,無法臨時變更行程。

多國旅遊vs單國深度之旅

　　很多人難得來一趟歐洲，會抱著看越多景點才值回票價的心態，因此安排很密集的行程，可是這樣一來旅遊的品質往往會打折扣。我建議放慢腳步，才能仔細品味歐洲浪漫的風情。雖然多國旅遊可以看到更多的景點，將自己想去的地方一網打盡，不過單國的深度之旅，才能真正體驗歐洲人生活的精髓。

多國及單國旅遊比較

類別比較	單國旅遊	多國旅遊
交通	購買單國的通行證即可	跨國的火車需要訂位，需要買跨國或是多國的火車票券
住宿	可選擇住定點做放射性玩法，減少換住宿的麻煩	更換住宿地點的機會較多
準備的資料(旅遊書)	買單國的旅遊書即可	要搜集的資料或是書籍更多
金錢準備	準備單一幣值即可	有可能需要準備不同的幣值
旅遊時間的需求	假期短，可以參觀重點城市；假期長，則能更深入地旅遊	需要的天數長，若是假期太短，會變成走馬看花
每個城市停留時間	可以停留長一點的時間	因為參觀的國家增加，所以待在每個城市平均的時間將縮短
行程安排	在同一國家內旅行，交通拉車時間短，行程安排上比較輕鬆	因為參觀的地方多，相對的行程會比較緊湊

製表／蘇瑞銘(Ricky)

瑞士南部的馬焦雷湖(Lago Maggiore)

3~5天的單點城市行程規畫

只計畫前往歐洲某個城市，或是來到歐洲出差，想順便就近找個地方玩3~5天的人，可以考慮選擇這個方案，因為天數不多，那麼就選擇重點城市觀光就好。這樣可免去舟車勞頓，又能深入地參觀景點，以下是建議旅遊路線實戰操作。

倫敦的金融區大樓

西敏寺內部

白金漢宮的衛兵交接
(攝影/Lilian)

近郊行程

英國
Great Britain

2 **1**

3

4 ●倫敦

1.劍橋 2.牛津 3.巴斯 4.溫莎

玩倫敦行程規畫地圖

1 Day
1.白金漢宮
2.聖詹姆斯公園
3.西敏寺
4.大笨鐘＋國會大廈
5.倫敦眼
6.泰晤士河畔

2 Day
1.大英博物館
2.柯芬園
3.蘇活區
4.萊斯特廣場

4 Day
1.千禧橋
2.莎士比亞環球劇場
3.泰特現代美術館
4.麗池飯店下午茶
5.國家藝廊
6.特拉法加廣場

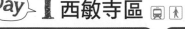
倫敦地鐵標誌

UNDERGROUND

景點集中 **倫敦5日遊** 五光十色的都會行程

Day 1 西敏寺區 🚇 🚶

1 09:30～12:20 白金漢宮 Backingham Palace
➡️ 從St. James Park地鐵站出→Petty France→Buckingham Gate→Wilfred Street→Palace Street→白金漢宮(約10分)
❗ 11:30有衛兵交接(5～7月期間每天舉行，其餘時間隔日舉行，偶數月的奇數日、奇數月的偶數日)

2 12:30～13:45 聖詹姆斯公園 St. James's Park
➡️ 從Buckingham Gate→Birdcage Walk (約5分)
❗ 從橋上眺望白金漢宮是經典必看的景觀

3 14:00～14:45 西敏寺 Westminster Abbey
➡️ 從Storey's Gate→西敏寺(約10分)
❗ 英國皇室最重要的活動幾乎都在此舉行，皇室成員死後大多長眠於此

5 17:00～19:30 倫敦眼 London Eye
➡️ 從Westminster Bridge Road→沿著河岸走→倫敦眼(約10分)
❗ 全世界最大的摩天輪，在夕陽西下時分顯得格外美麗

4 15:00～16:30 大笨鐘＋國會大廈 Big Ben+Houses of Parliament
➡️ 從Victoria Street→國會大廈(約5分)
❗ 倫敦最知名的地標之一，是英國民主政治的象徵

6 19:30～想離開為止 晚餐&休息
❗ 在泰晤士河一帶用餐，之後回飯店休息

Day 2 參訪博物館 🚇 🚶

1 09:30～13:00 大英博物館 British Museum
➡️ 從Tottenham Court地鐵站出→Tottenham Court Road→Great Russell Street (約10分)
❗ 為世界上最早開放的國家博物館，珍藏著各國的文物古蹟(免費入場參觀)

2 13:30～17:00 柯芬園 Covent Garden
➡️ 從Great Russell Street→Bloomsbury Street→Endell Street→Long Acre (約15分)
❗ 商店林立的柯芬園廣場可購物逛街，放鬆一下心情

3 17:20～19:00 蘇活區 Soho
➡️ 從Long Acre→Neal Street→Earlham Street→Moor Street→Greek Street (約15分)
❗ 傍晚時分，前往蘇活區及中國城，在這裡享用晚餐

4 19:30～21:00 萊斯特廣場 Leicester Square
➡️ 中國城→Sutton Row→Charing Cross Road→Swiss Court (約8分)
❗ 晚餐後，可選擇回飯店休息，或前往鄰近的萊斯特廣場看音樂劇

3 Day
1.倫敦塔
2.倫敦塔橋
3.市政廳
4.貝爾法特軍艦
5.海斯商場

吹蘇格蘭笛的街頭藝人

Day 3 河岸區1

1 09:30～11:30
倫敦塔
Tower of London
➡ 從Tower Hill地鐵站出→左轉,過馬路即可看見(約5分)
❗ 這裡收藏了許多皇冠及珍寶可參觀

2 12:30～14:00
倫敦塔橋
Tower Bridge
➡ 從Tower Bridge Approach→倫敦塔橋(約5分)
❗ 搭電梯到塔頂體驗高空步道及參觀博物館

3 14:00～15:30
市政廳
City Hall
➡ 從Tower Bridge Road→沿河岸步道前往(約5分)
❗ 可從頂樓眺望倫敦塔橋,也可以坐在戶外庭院休息片刻

5 17:00～19:30
海斯商場
Hay's Galleria
➡ 從Counter Street→海斯商場(約5分)
❗ 由海斯碼頭改建而成,也可以考慮在這用餐,結束這天的行程

4 15:30～16:50
貝爾法特軍艦
HMS Belfast
➡ 從市政廳→沿著河岸步道(約5分)
❗ 經歷二次大戰及韓戰的軍艦,目前改建為博物館

倫敦街景

濃霧瀰漫的倫敦有霧都之稱

Day 4 河岸區2

1 09:00～09:30
千禧橋
Millennium Bridge
➡ 從Mansion House地鐵站出→Queen Victoria Street (約5分)
❗ 長度320公尺,是倫敦第一座專為行人建造的橋梁

2 09:40～11:00
莎士比亞環球劇場
Shakespeare's Globe Theatre
➡ 從Gubilee Walkway→Bankside Jetty (約5分)
❗ 體驗英國大文豪莎士比亞的著名戲劇場景

3 11:10～12:30
泰特現代美術館
Tate Modern
➡ 從New Globe Walk→Park Street (約5分)
❗ 參觀河南岸的現代美術館

4 13:30～15:30
麗池飯店下午茶
Ritz Hotel
➡ 從Park Street→Southwark Bridge→Queen's Street→Cloak Lane→Mansion House地鐵站搭地鐵(約30分)→Hyde Park Corner地鐵站→Piccadilly
❗ 品嘗貴族風味的下午茶,記得穿正式服裝並事先預約

5 16:00～18:00
國家藝廊
National Gallery
➡ 從Piccadilly→Haymarket→Orange Street (約25分)
❗ 參觀收藏各國畫作的國家藝廊

6 18:00～19:00
特拉法加廣場
Trafalgar Square
➡ 從Orange Street→Whitcomb Street (約3分)
❗ 參觀倫敦最著名的廣場

Day 5 近郊行程 (依喜好擇一) 📷

1 09:00～18:00 劍橋 Cambridge

➡️ 倫敦國王十字車站(London King Cross)搭火車(約50分)→劍橋

❗ 參觀將近800年歷史的劍橋大學

2 09:00～18:00 牛津 Oxford

➡️ 倫敦帕丁頓車站(Paddington)搭火車(約1小時)→牛津

❗ 參觀英國第一所大學，體驗濃厚的學術氣息

3 09:00～18:00 巴斯 Bath

➡️ 倫敦帕丁頓車站(Paddington)搭火車(約1.5小時)→巴斯

❗ 參觀懷古的溫泉小鎮，包括羅馬浴場博物館(Roman Baths Museum)

4 09:00～18:00 溫莎 Windsor

➡️ 倫敦滑鐵盧車站(Waterloo)搭火車(約50分)→溫莎

❗ 參觀著名的溫莎城堡，體驗英國皇室的生活風範

1.倫敦利物浦(Liverpool)車站

2.倫敦街道上有注意來車的警告標示

3.西敏寺草坪上的小十字架

4.Piccadilly圓環

5.傳統的英式下午茶

玩巴黎行程規畫地圖

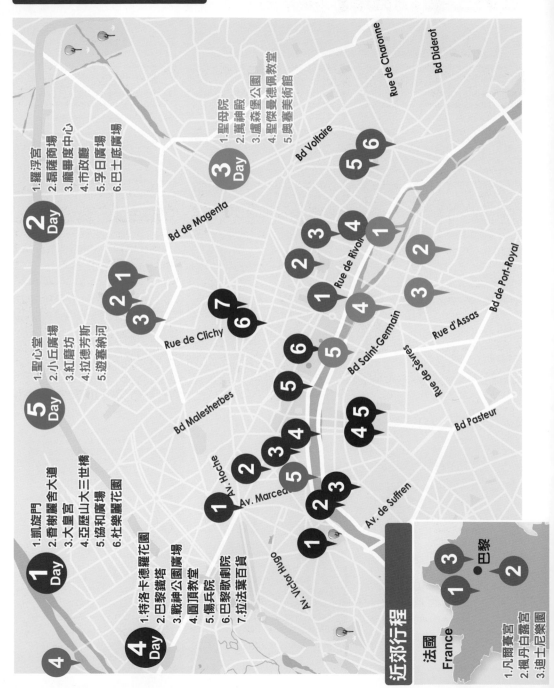

3 Day
1. 聖母院
2. 萬神殿
3. 盧森堡公園
4. 聖傑曼德佩教堂
5. 奧塞美術館

2 Day
1. 羅浮宮
2. 磊阿勒商場
3. 龐畢度中心
4. 市政廳
5. 孚日廣場
6. 巴士底廣場

5 Day
1. 聖心堂
2. 小丘廣場
3. 紅磨坊
4. 拉德芳斯
5. 遊塞納河

1 Day
1. 凱旋門
2. 香榭麗舍大道
3. 大皇宮
4. 亞歷山大三世橋
5. 協和廣場
6. 杜樂麗花園

4 Day
1. 特洛卡德羅花園
2. 巴黎鐵塔
3. 戰神公園廣場
4. 圓頂教堂
5. 傷兵院
6. 巴黎歌劇院
7. 拉法葉百貨

近郊行程

法國 France
1. 凡爾賽宮
2. 楓丹白露宮
3. 迪士尼樂園

巴黎

行程規畫篇

3～5天的單點城市行程規畫：巴黎6日遊

豐富至極 巴黎6日遊 漫遊花都的經典行程

Day 1 香榭麗舍區 🚇🚶

1 09:30～11:00 凱旋門 Arc de Triomphe
➡️ 從Charles de Gaulle Etoile地鐵站出→凱旋門出口(約1分)
❗ 登上頂樓看臺，可眺望巴黎市區迷人的景色

2 11:00～14:00 香榭麗舍大道 Avenue des Champs-Élysées
➡️ 凱旋門→香榭麗舍大道(約1分)
❗ 香榭麗舍大道有最美麗的道路之稱，沿途可以逛逛精品店或是坐下來喝咖啡

3 14:30～16:00 大皇宮 Grand Palais
➡️ 從Avenue Franklin Roosevelt→大皇宮(約20分)
❗ 巴黎主要的文化及工商展覽場地

6 17:00～19:00 杜樂麗花園 Jardin des Tuileries
➡️ 從協和廣場→杜樂麗花園(約1分)
❗ 參訪新古典風格的花園，並來到羅浮宮門口拍照留念，結束今天豐富的行程

5 16:40～17:00 協和廣場 Place de la Concorde
➡️ 從Cours la Reine→協和廣場(約10分)
❗ 來自埃及的方尖碑是該廣場參觀重點之一

4 16:00～16:30 亞歷山大三世橋 Pont Alexandre III
➡️ 從Avenue Franklin Roosevelt→Cours la Reine(約5分)
❗ 有巴黎最美麗的橋梁之稱

凱旋門

從凱旋門鳥瞰香榭麗舍大道

龐畢度中心

Day 2 參訪博物館 🚇🚶

1 09:00～12:30 羅浮宮 Musée du Louvre
➡️ 從Palais Royal-Musée du Louvre地鐵站出→羅浮宮
❗ 世界三大博物館之一，建議提早前往排隊

2 13:30～15:00 磊薩商場 Les Halles
➡️ 從Rue de Rivoli→Rue du Louvre (約10分)
❗ 地面是花園，位在地下樓層的小商店是重點

3 15:10～17:00 龐畢度中心 Centre Pompidou
➡️ 從Rue Rambuteau→龐畢度中心(約5分)
❗ 欣賞鋼骨結構和玻璃混合的外觀，並入內參觀展覽館

6 19:10～19:30 巴士底廣場 Place de la Bastille
➡️ 從Rue de Birague→Rue Saint-Antoine (約5分)
❗ 可順便前往一旁現代化的巴士底歌劇院

5 18:20～19:00 孚日廣場 Place des Vosges
➡️ 從Rue de Rivoli→Rue Saint-Antoine→Rue de Birague(約20分)
❗ 被磚房環繞的孚日廣場，附近有許多咖啡店與古董店

4 17:15～18:00 市政廳 Hôtel de Ville
➡️ 從Rue du Renard→市政廳(約5分)
❗ 巴黎市政廳目前是市長的辦公室及招待會館，而廣場上也經常舉辦各式各樣的活動

Day 3 河岸區 🚇🚶

1 **09:00～11:30**
聖母院
Notre-Dame
➡️ 從Cité地鐵站出→聖母院廣場(約5分)
❗ 通常人潮很多,建議一大早就來排隊購票入場

2 **11:45～13:00**
萬神殿
Panthéon
➡️ 從Rue du Petit Pont→Rue Saint-Jacques→Rue Soufflot→萬神殿廣場(約15分)
❗ 法國名人都葬在萬神殿的地下墓室

3 **13:05～14:30**
盧森堡公園
Jardin du Luxembourg
➡️ 從Rue Soufflot→盧森堡公園(約5分)
❗ 布滿花卉及雕像的盧森堡公園,有巴黎最美麗的公園之稱,可以坐下來休息片刻或是安排在此野餐

5 **15:40～18:00**
奧塞美術館
Musée d'Orsay
➡️ 從Bd St Germain→Rue de Bellech-asse (約15分)
❗ 巴黎最重要的美術館,之後可沿著塞納河散步,結束這天的行程

4 **14:45～15:15**
聖傑曼德佩教堂
St Germain-des-Prés
➡️ 從Rue Bonaparte→聖傑曼德佩教堂(約10分)
❗ 參觀巴黎最古老的教堂,也可去附近的雙叟(Les Deux Magots)和花神咖啡館(Cafe de Flore)喝杯咖啡

傷兵院

Day 4 鐵塔周邊 🚇🚶

1 **08:20～09:00**
特洛卡德羅花園
Jardin du Trocadéro
➡️ 從Trocadéro地鐵站出→Palais Chaillot(約5分)
❗ 這裡是拍攝巴黎鐵塔最佳的地點

2 **09:10～12:00**
巴黎鐵塔
Tour Eiffel
➡️ 從Pont d'Iéna→巴黎鐵塔(約10分)
❗ 乘電梯前往塔頂參觀,通常人潮很多,最好提早來排隊買票

3 **12:00～13:30**
戰神公園廣場
Champ-de-Mars
➡️ 從巴黎鐵塔→戰神公園廣場(約5分)
❗ 可在公園吃點東西或休息片刻

5 **14:00～14:30**
傷兵院
Hôtel des Invalides
➡️ 從圓頂教堂→傷兵院(約1分)
❗ 這是西元1607年時,法王路易十四為戰爭傷兵所興建的療養院,可以參觀中庭內擺放的古軍事裝備

4 **13:30～14:00**
圓頂教堂
Dôme des Invalides
➡️ 從Avenue de Tourville→圓頂教堂(約15分)
❗ 建於十七世紀,裡面安置著拿破崙的棺塚

晚間點燈後的鐵塔

6 **15:15～16:00**
巴黎歌劇院
Opéra Garnier
➡️ 從La Tour Maubourg地鐵站搭地鐵(約30分)→Opéra地鐵站出
❗ 前往華麗的巴黎歌劇院拍照,再步行前往拉法葉

7 **16:30～19:30**
拉法葉百貨
Galeries Lafayette
➡️ 從Rue Halévy→Boulevard Haussmann(約5分)
❗ 想血拼的,這裡是巴黎重點。可選擇在附近晚餐,結束豐收的一天

行程規畫篇

3～5天的單點城市行程規畫：巴黎6日遊

Day 5 蒙馬特區 🚇🚶

1 09:00～10:30
聖心堂
Basilique du Sacré-Coeur

➡ 從Anvers地鐵站出→Rue de Steinkerque→爬樓梯或搭纜車(約15分)

❗ 可參觀塔頂及地下墓室

2 10:50～13:30
小丘廣場
Place du Tertre

➡ 從Rue du Chevalier de la Barre→Rue du Mont Cenis→Rue Norvins (約3分)

❗ 聚集了許多藝術家，是蒙馬特重要景點

3 14:00～14:30
紅磨坊
Moulin Rouge

➡ 從Rue Gabrielle→Rue Ravignan→Rue des Abbesses→Rue Lepic→Boulevard de Clichy(約15分)

❗ 可安排晚間來看秀，必須先預約

矗立於蒙馬特山丘上的聖心堂

5 18:00～20:30
遊塞納河
Seine River

➡ 從La Défense地鐵站搭地鐵(約30分)→Alma Marceau地鐵站出→Pont de l'Alma→塞納河畔搭船

❗ 建議可以選擇在船上用晚餐，但必須先預約

4 15:30～17:00
拉德芳斯
La Défense

➡ 從市區搭地鐵(約1小時)→La Défense地鐵站出→La Défense Grande Arche

❗ 有新凱旋門之稱，可以搭電梯上去參觀

Day 6 近郊行程 (依喜好擇一) 🚇🚌🚶

1 10:00～16:00
凡爾賽宮
Château de Versailles

➡ 從Montparnasse火車站搭火車(約15分)→Versailles Chantiers車站→Rue des Etats-Généraux→Avenue de Paris(約20分)

❗ 世界文化遺產，標準古典主義風格建築，內部裝潢及庭院是參觀重點

2 10:00～15:00
楓丹白露宮
Château de Fontainebleau

➡ 從Gare de Lyon火車站搭火車(約40分)→Fontainebleau-Avon車站轉乘A路線巴士(約15分)→La Poste-Château

❗ 參觀象徵法國光輝歷史的楓丹白露宮，此為法國最大王宮之一

3 10:00～19:00
迪士尼樂園
Disneyland Paris

➡ 從Gare de Lyon火車站搭火車RER A線(約45分)→Marne-la-Vallée/Disneyland車站

❗ 設有5個主題樂園區的巴黎迪士尼樂園，不僅吸引小孩，連大人也流連忘返，是個適合全家同遊的景點

羅浮宮外的玻璃金字塔

玩布拉格行程規畫地圖

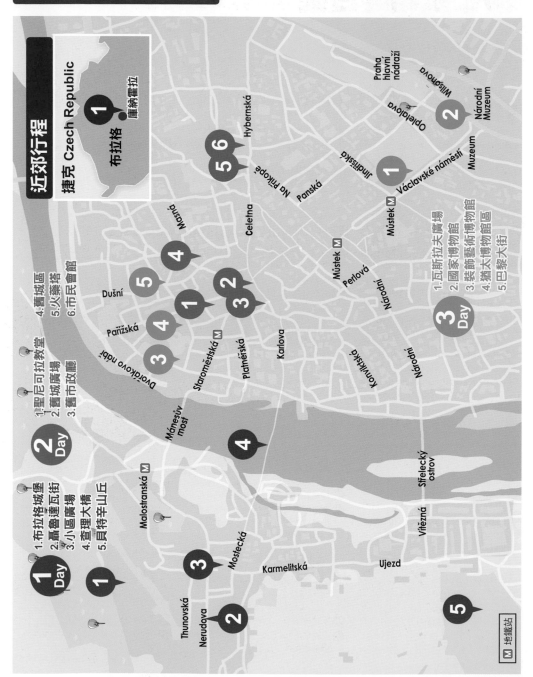

近郊行程

捷克 Czech Republic

布拉格
庫納霍拉

Day 3
1.瓦斯拉夫廣場
2.國家博物館
3.裝飾藝術博物館
4.猶太博物館區
5.巴黎大街

Day 2
1.聖尼可拉斯教堂
2.舊城廣場
3.舊市政廳
4.舊城區
5.火藥塔
6.市民會館

Day 1
1.布拉格城堡
2.聶魯達瓦街
3.小區廣場
4.查理大橋
5.貝特辛山丘

M 地鐵站

民族風情 布拉格4日遊 曼妙的東歐風情行程

Day 1 城堡區

1 09:00～12:00
布拉格城堡
Pražský hrad

➡ 從Malostranská地鐵站出→城堡(約20分)

❗ 城堡內的黃金巷、火藥塔、聖維塔大教堂及舊皇宮都是不能錯過的重點，在11:30左右，前往城堡大門等待中午的衛兵交接

2 12:30～13:00
聶魯達瓦街
Nerudova Ulice

➡ 布拉格城堡→聶魯達瓦街(約10分)

❗ 串連布拉格城堡及小區的聶魯達瓦街，本身就是一處吸睛的觀光景點；街上林立著各國的大使館、飄揚著各國的國旗，沿路盡是布拉格傳統的房舍，及精美的巴洛克裝飾建築

3 13:10～14:45
小區廣場
Malostranském náměstí

➡ 從Malostranské nám→小區廣場(約10分)

❗ 古代的小區廣場，是德國工匠的聚集地，遺留許多宮殿式的樓房。現今有琳瑯滿目的商店及餐廳，建議可以在此用餐或是休息片刻

5 16:50～18:30
貝特辛山丘
Petřínské sady

➡ 從Smetanovo nábř→國家劇院→Most Legii→Vítězná→Újezd→貝特辛山纜車站(約25分)

❗ 纜車站外布滿了整片的玫瑰花園，景觀路上能清楚地眺望整個布拉格市區及城堡區

4 15:00～16:20
查理大橋
Karlův most

➡ 從Mostecká→查理大橋(約10分)

❗ 橫越伏爾塔瓦河的查理大橋，是布拉格的地標之一，橋上的30座雕像及街頭藝人，都值得放慢腳步細細品味，有興趣的話，還可登上橋塔欣賞曼妙的風景

布拉格城堡的衛兵交接

Day 2 舊城區

1 09:00～09:30
聖尼可拉教堂
Kostel sv Mikuláše

➡ 從Staroměstská地鐵站出→Kaprova→聖尼可拉教堂(約10分)

❗ 參觀教堂內部圓頂華麗的壁畫及鐘塔是重點

2 09:30～09:50
舊城廣場
Staroměstské náměstí

➡ 聖尼可拉教堂→舊城廣場(約1分)

❗ 廣場上匯集了各種不同的建築風格，胡斯雕像和擁有哥德式雙塔的提恩教堂也不容錯過

3 09:50～11:00
舊市政廳
Stará radnice

➡ 舊城廣場→舊市政廳(約1分)

❗ 天文鐘的木偶整點報時秀(可提前10分鐘來等待)，上鐘樓可鳥瞰整個布拉格舊城區

6 16:10～17:30
市民會館
Obecní dům

➡ 火藥塔→市民會館(約1分)

❗ 參觀會館後，不妨前往1樓的咖啡廳喝杯下午茶

5 15:30～16:00
火藥塔
Prašná brána

➡ 從舊城廣場→Celetná(約10分)

❗ 火藥塔是舊城門之一，目前內部改建為展覽館，也可以登塔參觀

4 11:00～15:30
舊城區
Staré Město

➡ 舊市政廳→舊城區(約1分)

❗ 不能錯過查理街及哈維斯卡露天市集，可在此地午餐

Day 3 新城區+猶太區 🚋🚶

1 09:00～10:30
瓦斯拉夫廣場
Václavské náměstí

➡ 從Můstek地鐵站出→瓦斯拉夫廣場(約1分)

❗ 從地鐵站往國家博物館的方向，沿途有許多商店及餐廳可逛逛

2 10:40～12:00
國家博物館
Národní muzeum

➡ 瓦斯拉夫廣場→國家博物館(約10分)

❗ 館內有豐富的寶石收藏。可在廣場一帶午餐及休息片刻

3 13:30～15:00
裝飾藝術博物館
Uměleckoprůmyslové muzeum

➡ 從Staroměstská地鐵站出→Valentinská(約5分)

❗ 館內展示了中世紀到近代的生活器皿，可以藉此了解到波西米亞地區的文化，博物館本身的建築也相當有特色

4 15:10～16:00
猶太博物館區
Židovské muzeum

➡ 從Široká→猶太博物館(約2分)

❗ 這裡是歐洲地區保存最好的猶太民族文化，包括猶太博物館、舊猶太墓園及猶太人市民會館等

5 16:10～18:30
巴黎大街
Pařížská

➡ 從Široká→巴黎大街(約2分)

❗ 這條街上林立著Prada、LV等名牌精品店，喜歡血拼的民眾一定不能錯過

布拉格舊城的房屋

布拉格城堡內的黃金巷

Day 4 近郊行程 🚋🚌🚶

1 09:30～18:30
庫納霍拉 Kutná Hora

➡ 從布拉格搭火車(約1小時)→Kutná Hora→KH火車站前搭F07巴士(約20分)→Kutná Centrum(步行約10分)→聖芭芭拉大教堂搭F07巴士(約20分)→Kutna Hora Sedlec Tabak站下車→人骨教堂→可步行或搭巴士到火車站→布拉格

❗ 參觀聖芭芭拉大教堂及附近的人骨教堂

1.布拉格有「百塔之城」的稱號
2.市區傳統的路面電車
3.布拉格城堡的衛兵
4.布拉格城堡內的聖維塔大教堂
5.在舊城廣場上嬉戲的小孩
6.來到布拉格就要品嘗捷克啤酒

玩羅馬行程規畫地圖

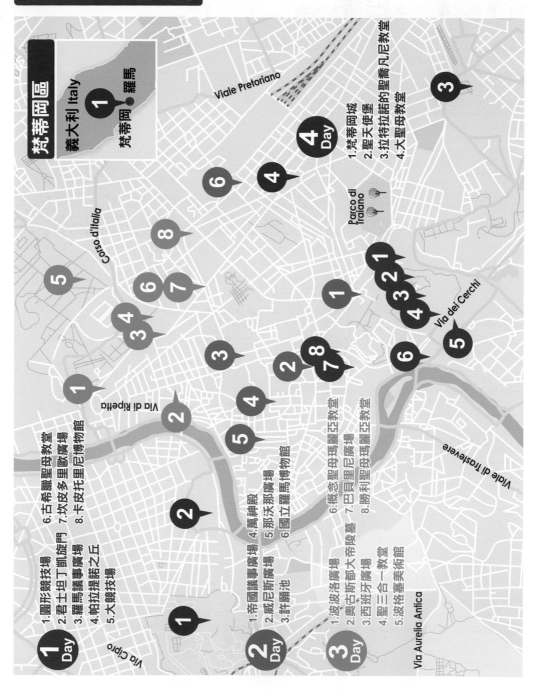

梵蒂岡區

義大利 Italy

1 梵蒂岡

梵蒂岡

4 Day
1.梵蒂岡城
2.聖天使堡
3.拉特拉諾的聖喬凡尼教堂
4.大聖母教堂

1 Day
1.圓形競技場
2.君士坦丁凱旋門
3.羅馬議事廣場
4.帕拉諾之丘
5.大競技場
6.古希臘聖母教堂
7.坎皮多里歐廣場
8.卡皮托里尼博物館

2 Day
1.帝國議事廣場
2.威尼斯那廣場
3.許願池
4.萬神殿
5.那沃那廣場
6.國立羅馬博物館

3 Day
1.波波洛廣場
2.奧古斯都大帝陵墓
3.西班牙廣場
4.聖三合一教堂
5.波格塞美術館
6.概念聖母瑪麗亞教堂
7.巴貝里尼廣場
8.勝利聖母瑪麗亞教堂

知識要夠 羅馬**4**日遊 古蹟巡禮的歷史行程

Day **1** 競技場區

1 09:00～11:00
圓形競技場
Colosseo
- ➡ 從Colosseo地鐵站出→圓形競技場(約1分)
- ❗ 全世界最大的古羅馬遺跡。記得帶水或是午餐(可出門後購買)

2 11:10～11:25
君士坦丁凱旋門
Arco di Costantino
- ➡ 圓形競技場→君士坦丁凱旋門(約5分)
- ❗ 羅馬3座凱旋門中,最重要的一處建築物

3 11:30～12:50
羅馬議事廣場
Foro Romano
- ➡ 從Arco di Tito→羅馬議事廣場(約5分)
- ❗ 古羅馬人殘留的建築遺址,可在此地休息片刻及吃東西

6 14:25～15:00
古希臘聖母教堂
Chiesa di Santa Maria in Cosmedin
- ➡ 從Via dei Cerchi→Piazza bocca della Verità(約10分)
- ❗ 真實之口(Bocca della Verità)是必看景點

5 13:45～14:15
大競技場
Circo Massimo
- ➡ 從帕拉提諾之丘→大競技場(約10分)
- ❗ 在這主要能感受到當時古羅馬的輝煌時光

4 13:00～13:30
帕拉提諾之丘
Palatino
- ➡ 羅馬議事廣場→帕拉提諾之丘(約5分)
- ❗ 參觀許多古羅馬建築遺跡

7 15:15～16:15
坎皮多里歐廣場
Piazza Campidoglio
- ➡ 從Via L. Petroselli→Via del Teatro Marcello(約10分)
- ❗ 羅馬的發源地之一,對羅馬人有非凡意義

8 16:30～18:30
卡皮托里尼博物館
Musei Capitolini
- ➡ 坎皮多里歐廣場→卡皮托里尼博物館(約5分)
- ❗ 館藏文藝復興時期以來的珍貴雕塑品是重點

Day **2** 帝國議事廣場周邊

3 11:50～13:20
許願池
Fontana di Trevi
- ➡ 從Via dei Fornari→Via dell'Umiltà→Via di San Vincenzo (約15分)
- ❗ 參觀噴泉中的雕像,在這裡享用午餐及休息片刻

2 10:30～11:30
威尼斯廣場
Piazza Venezia
- ➡ 從Foro Traiano→威尼斯廣場(約10分)
- ❗ 維克多艾曼紐二世紀念堂(Vittoriano)是參觀重點

1 09:00～10:15
帝國議事廣場
Fori Imperiali
- ➡ 從Colosseo地鐵站出→Via dei Fori Imperiali (約15分)
- ❗ 參觀古羅馬的公共集會場所,這是羅馬帝國時期的羅馬城中心,雖然目前已經殘缺不齊,不過從僅存的廊柱都能想像當年驚人的場景

4 13:30～14:15
萬神殿
Pantheon
- ➡ 從Via delle Muratte→Via di Pietra→Via dei Pastini(約10分)
- ❗ 古羅馬時期代表建築,每排8根的花崗岩圓柱,上方是三角頂的羅馬神廟建築,距今有2千年歷史,內部的穹頂天花板是參觀重點之一

5 14:30～15:15
那沃那廣場
Piazza Navona
- ➡ 從Via Giustiniani→Via del Salvatore→Corsia Agonale(約10分)
- ❗ 這裡原本是古羅馬的競技場之一,在西元15世紀末改建為市場,廣場中央的四河噴泉及周邊的建築物都是值得參觀的重點

6 16:00～18:30
國立羅馬博物館
Museo Nazionale Romano
- ➡ 從Via Sant'Agostino→Piazza delle Coppelle→Via del Corso→Via del Tritone(約25分)→Barberini地鐵站搭地鐵→Temini地鐵站出
- ❗ 館藏古羅馬和希臘時期藝術品

Day 3 西班牙廣場周邊 🚇🚶

1 09:30〜10:20
波波洛廣場
Piazza del Popolo

➡️ 從Flaminio地鐵站出→Piazzale Flaminio→Porta del Popolo(約3分)

❗ 廣場上的埃及方尖碑，及周圍的教堂是參觀重點

2 10:45〜11:15
奧古斯都大帝陵墓
Mausoleo di Augusto

➡️ 從Via del Corso→Largo dei Lombardi→Piazza Augusto Imperatore(約10分)

❗ 在Via Corso沿路可以血拼逛街

3 11:40〜13:20
西班牙廣場
Piazza di Spagna

➡️ 從Via Corso→Via dei Condotti(約10分)

❗ 廣場中的噴泉及階梯都是參觀重點，可在附近午餐及休息片刻

6 16:15〜16:45
概念聖母瑪麗亞教堂
Chiesa di Santa Maria della Concezione

➡️ 從Flaminio地鐵站出→Piazzale Flaminio→Porta del Popolo(約5分)

❗ 教堂的地下墓室，由駭人的人骨裝飾而成

5 14:30〜16:00
波格塞美術館
Museo e Galleria Borghese

➡️ 從Via Sistina→Via di Porta Pinciana(約10分)

❗ 收藏了拉斐爾、卡拉瓦橋、提香等多位大師的作品

4 13:40〜14:15
聖三合一教堂
Chiesa di Trinita dei Monti

➡️ 沿著西班牙廣場的階梯往上走(約10分)

❗ 教堂興建於15世紀，擁有哥德式對稱的鐘塔

7 17:00〜17:20
巴貝里尼廣場
Piazza Barberini

➡️ 從Via Vittorio Veneto→巴貝里尼廣場(約5分)

❗ 廣場中間的海神噴泉，是值得一看的景點

8 17:30〜18:10
勝利聖母瑪麗亞教堂
Chiesa di Santa Maria della Vittoria

➡️ 從Via Barberini→勝利聖母瑪麗亞教堂(約10分)

❗ 內部華麗的巴洛克裝飾，從牆壁到天花板都讓人驚豔萬分

Day 4 梵蒂岡區 🚇🚶

羅馬的許願池

4 17:30〜18:30
大聖母教堂
Santa Maria Maggiore

➡️ 從Via Merulana→大聖母教堂(約30分)

❗ 內部的小禮拜堂、馬賽克嵌畫及鐘塔都是參觀的重點

3 16:30〜17:00
拉特拉諾的聖喬凡尼教堂
Chiesa di San Giovanni in Laterano

➡️ 從Piazza Cavour→Via Cicerone→Via M. Colonna(約15分)→Lepanto地鐵站搭地鐵(約30分)→S. Giovanni地鐵站出→聖喬凡尼教堂(約1分)

❗ 被公認為世界最古老教堂，華麗的巴洛克裝潢及迴廊讓人歎為觀止

1 09:00〜13:30
梵蒂岡城
Citta del Vaticano

➡️ 從Ottaviano-San Pietro地鐵站出→Via Ottaviano→Via di Porta Angelica(約5分)

❗ 參觀梵蒂岡的博物館及全世界最大的聖彼得大教堂

2 14:15〜15:30
聖天使堡
Castello di Sant'Angelo

➡️ 從Via della Conciliazione→聖天使堡(約10分)

❗ 原本是羅馬皇帝計畫建立的陵墓，目前改建為博物館對外開放，至於橫跨台伯河的聖天使橋及橋上的12尊天使雕像，都是名建築師貝尼尼的作品

超級美色 阿姆斯特丹3日遊 縱情恣意的繽紛行程

Day 1 市中心區&環狀運河區 🚃🚶

1 09:00～11:00 性博物館 Sex Museum
➡ 從Centraal Station地鐵站出→過馬路走Damrak(約5分)
❗ 參觀世界上第一個也是歷史最悠久的性博物館開開眼界

2 11:15～13:00 水壩廣場 Dam Square
➡ 從Damrak→水壩廣場(約10分)
❗ 這裡是全市最熱鬧的區域所在地，不妨在廣場旁的露天咖啡座喝杯咖啡，順便在此午餐

3 13:15～14:30 阿姆斯特丹歷史博物館 Amsterdam Historisch Museum
➡ 從廣場南方的Kalverstraat往南走→阿姆斯特丹歷史博物館(約10分)
❗ 沿路上有許多商店可逛，博物館內展示阿姆斯特丹城市的變遷

6 20:00～21:00 紅燈區 Red-Light District
➡ Jordaan區→性博物館旁的紅燈區(約30分)
❗ 看身材姣好的櫥窗女郎是重點，但千萬不能對她們拍照，即使偷拍都是違法的

5 16:30～19:30 Jordaan區
➡ 從Bloemgracht→Jordaan區(約5分)
❗ 漫遊Jordaan區運河美景，與Gable Houses獨特建築，還有許多特色店和中央市集。在這一區享用晚餐

4 14:45～16:00 安妮之家 Anne Frank Huis
➡ 從Nieuwezijds Voorburgwal→Raadhuisstraat→Prinsengracht(約15分)
❗ 參觀安妮日記作者一家人為躲避猶太大屠殺，而藏匿於小閣樓的生活情況

Day 2 博物館區 (務必避開週一休館日) 🚃🚶

1 09:30～13:00 國立博物館 Rijksmuseum
➡ 從市區搭2、5、12號路面電車→Rijksmuseum站下車→國立博物館
❗ 國立博物館是荷蘭最大的博物館，擁有荷蘭藝術大師們的頂尖傑作。可安排在此午餐

2 13:15～15:15 梵谷博物館 Van Gogh Museum
➡ 從Paulus Potterastraat→梵谷博物館(約10分)
❗ 參觀荷蘭史上最重要的畫家之一梵谷的博物館，在館內收藏著梵谷歷盡煎熬所孕育出來的作品，還能一窺他的生活與工作情形

4 17:30～22:00 運河巴士 Canal Bus
➡ 從市區搭5號路面電車→Nieuwezijds Kolk站下車→Singel→Brouwersgracht
❗ 天氣好時，晚上可參加充滿浪漫風情的運河巴士行程，有5種行程可選擇，網路預訂享9折優待。若選擇沒有含晚餐的行程，則先找間餐廳享用晚餐

3 15:30～17:00 市立博物館 The Stedelijk Museum of Modern Art
➡ 從Paulus Potterastraat→市立博物館(約5分)
❗ 夏卡爾(Chagall)、畢卡索(Picasso)，以及莫內(Monet)等名家的作品不要錯過

阿姆斯特丹的博物館很值得逛逛

玩阿姆斯特丹行程規畫地圖

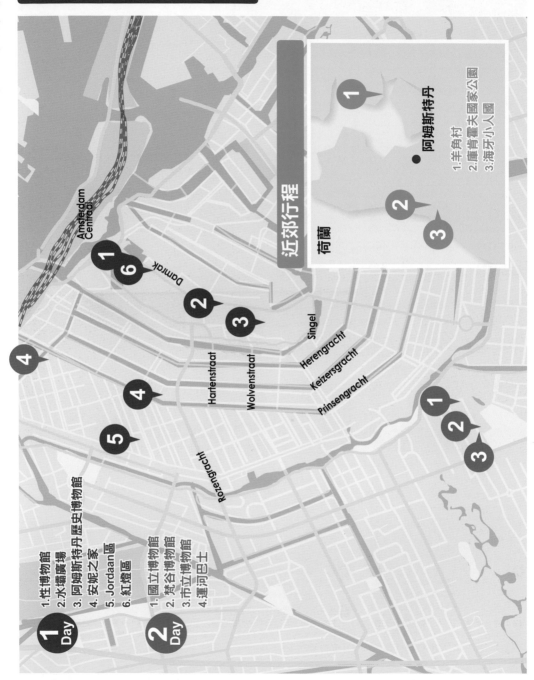

近郊行程

荷蘭

阿姆斯特丹

1.羊角村
2.庫肯霍夫國家公園
3.海牙小人國

1 Day
1.性博物館
2.水壩廣場
3.阿姆斯特丹歷史博物館
4.安妮之家
5.Jordaan區
6.紅燈區

2 Day
1.國立博物館
2.梵谷博物館
3.市立博物館
4.運河巴士

阿姆斯特丹火車站前的傳統樓房

阿姆斯特丹紅燈區

3月底～5月中，是鬱金香的花季

山形牆房屋是阿姆斯特丹的特色

Day 3 近郊行程(依喜好擇一)

1 09:00～18:00 羊角村 Giethoorn

➡ 從Amsterdam Centraal搭火車→Amersfoort換車→Meppel車站轉搭73號巴士→Giethoorn,Ds. Hylkemaweg(總車程約2小時)

❗ 乳牛、草原、運河、橋及船，荷蘭最具代表性的景色都有。也可租輛單車造訪羊角村及周邊小鎮

2 09:00～18:00 庫肯霍夫國家公園 Keukenhof

➡ 從Amsterdam Centraal搭IC或RE列車(約15分)→Schiphol搭58號巴士(約35分)→Keukenhof

❗ 幾乎每年的開放時間都是3月底～5月中之間，若剛好在這段時間造訪阿姆斯特丹，千萬別錯過一年只綻放8週的美麗鬱金香花田(每年開放日期請先上官網查詢)

3 09:00～18:00 海牙小人國 Madurodam

➡ 從Amsterdam Centraal搭IC列車(約50分)→Den Haag Centraal搭1、9號路面電車或22號巴士(約20分)→Madurodam

❗ 參觀縮小比例的荷蘭縮影，走完一圈彷彿把整個荷蘭玩遍了。(上網購買門票可享有9折)

玩維也納行程規畫地圖

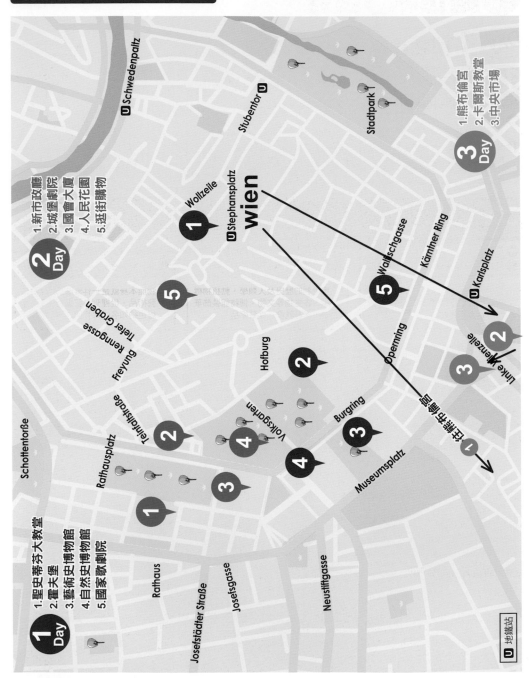

3 Day
1. 熊布倫宮
2. 卡爾斯教堂
3. 中央市場

2 Day
1. 新市政廳
2. 城堡劇院
3. 國會大廈
4. 人民花園
5. 逛街購物

1 Day
1. 聖史蒂芬大教堂
2. 霍夫堡
3. 藝術史博物館
4. 自然史博物館
5. 國家歌劇院

wien

Schwedenpaltz
Stubentor
Stadtpark
Wollzelle
Stephansplatz
Wollschgasse
Kärntner Ring
Karlsplatz
Linke Wienzeile
Operning
Hofburg
Reinngasse
Tiefer Graben
Freyung
Schottentorße
Rathausplatz
Teinfaltstraße
Volksgarten
Burgring
Museumsplatz
Rathaus
Josefstädter Straße
Josefsgasse
Neustiftgasse

地鐵站

行程規畫篇

3～5天的單點城市行程規畫：維也納3日遊

最有氣質 維也納3日遊 音樂之都的古典行程

> 維也納市區的馬車

Day 1 博物館巡禮

1 09:00～10:00
聖史蒂芬大教堂
Stephansdom

➡ 從Stephansplatz地鐵站出→聖史蒂芬廣場(約2分)

❗ 登塔頂參觀外，教堂精美的屋頂及地下墓室也是不容錯過的重點

2 10:15～13:00
霍夫堡
Hofburg

➡ 從Graben→Kohlmarkt→Michaelerplatz(約15分)

❗ 眾多宮殿和教堂所組成的建築群是重點，能夠體驗到早期哈布斯堡王朝的輝煌歷史

5 19:00～22:00
國家歌劇院
Wiener Staatsoper

➡ 從Burging→Opernring(約2分)

❗ 可欣賞一場一流的歌劇，開演前不妨在這裡的餐廳用餐(有些演奏會的地點不在歌劇院內，要先確定)。先上網預定門票或是開演前1小時到場買票都可

4 16:10～18:30
自然史博物館
Naturhistorisches Museum

➡ 位於藝術史博物館對面(約2分)

❗ 位於藝術史博物館對面，於西元1889年正式對外開放，館內展示了奧地利的歷史及人類學、動植物標本、古生物等文物。博物館裝飾華麗，本身就像一件藝術品

3 14:00～16:00
藝術史博物館
Kunsthistorisches Museum

➡ 從Burgring→藝術史博物館(約5分)

❗ 有豐富收藏的藝術史博物館，除了內部的畫作及珍貴古文物之外，博物館本身就是一件華麗的巴洛克式藝術品，從裡到外都驚為天人，是維也納知名的博物館之一

聖史蒂芬大教堂

Day 2 市區 🚃 🚶

1 09:00～10:30
新市政廳
Neues Rathaus

➡️ 從Rathaus地鐵站出→新市政廳(約1分)

❗ 內部的長廊及精美的窗戶都值得欣賞。中央最高聳尖塔塔頂屹立著一盔甲武士，是這城市的守護象徵

2 10:35～11:00
城堡劇院
Burgtheater

➡️ 從Dr. Karl-Renner Ring→城堡劇院(約1分)

❗ 內部天花板的壁畫是劇院相當重要的文化資產財

3 11:10～12:00
國會大廈
Parlament

➡️ 從Dr. Karl-Renner Ring→國會大廈(約5分)

❗ 屋頂上的雕塑，以及前方矗立的雅典娜噴泉，和底部的河神雕像是重點

晚間的國會大廈

5 14:40～19:00
逛街購物
Shopping

➡️ 從Schauflerg→Kohlmarkt→Graben

❗ 先逛世界頂級名牌匯集的科爾馬克街，再前往小飾品店林立的格拉奔街

4 12:10～13:30
人民花園
Volksgarten

➡️ 城堡劇院→人民花園(約3分)

❗ 建於19世紀末的人民花園，嚴格說來算是霍夫堡的一部分；在夏季期間繁花盛開，尤其以鮮艷的玫瑰花著稱

Day 3 近郊行程 🚃 🚶

1 09:00～14:30
熊布倫宮
Schloss Schoenbrunn

➡️ 從市區搭乘地鐵(約20分)→Schoenbrunn地鐵站出→熊布倫宮

❗ 列為世界遺產的熊布倫宮，透過王宮內華麗的房間及裝潢，感受當年貴族的生活方式

2 15:00～16:00
卡爾斯教堂
Karlskirche

➡️ 從市區搭地鐵(約15分)→Karlsplatz地鐵站出→卡爾斯教堂(約5分)

❗ 卡爾斯地鐵站是出自建築大師華格那之手，卡爾斯教堂則是維也納最壯觀的巴洛克教堂

3 16:30～18:30
中央市場
Naschmarkt

➡️ 從Paniglgasse→Faulmanngasse(約15分)

❗ 參觀販售各種蔬果、生鮮食物為主的市場，是體驗當地人生活的最佳場所

氣勢磅礡的熊布倫宮

Graben街是逛街購物的好地方

復古懷舊 **里斯本4日遊** 航海國度的大西洋風情

Day 1 高巴羅區(Bairro Alto)&巴依薩區(Baixa)

1 08:30～09:30
巴西人咖啡館
A Brasileira

➡ 搭28(E)號電車→Chiado站下車；或搭地鐵藍線或綠線→Baixa-Chiado站下車

❗ 里斯本最有知名度的咖啡館，一早來這裡喝咖啡享用早餐

2 09:40～10:30
卡爾莫修道院
Convento do Carmo

➡ 巴西人咖啡館→Rua Garrett→Calçada Sacramento→卡爾莫修道院(約5分)

❗ 沒有屋頂的卡爾莫修道院，在1755年的大地震被摧毀後就沒再重建，目前為卡爾莫考古博物館

3 10:40～11:10
聖胡斯塔升降機
Elevador de Santa Justa

➡ 卡爾莫修道院→Calçada Sacramento→Rua do Carmo→聖胡斯塔升降機(約5分)

❗ 這台戶外電梯是里斯本的Bairro Alto和Baixa這兩區的重要交通工具，也是熱門的地標，搭乘的時候要注意小偷

6 15:10～16:00
商業廣場
Comércio Square

➡ 奧古斯塔街→商業廣場

❗ 奧古斯塔街盡頭的凱旋門頂端，是眺望商業廣場的最佳地點

5 12:10～15:00
奧古斯塔街
Rua Augusta

➡ 羅西歐廣場→奧古斯塔街(約1分)

❗ 里斯本市區最熱鬧的街道，可以安排在這附近逛街購物及吃午餐休息，然後沿路走到商業廣場

4 11:20～12:00
羅西歐廣場
Praça Rossio

➡ 聖胡斯塔升降機→Rua de Santa Justa→Rua Augusta→羅西歐廣場(約3分)

❗ 自古以來里斯本重要的廣場，包括公開處決和鬥牛等活動的地點

7 16:30～17:30
四月25日大橋
Ponte 25 de Abril

➡ 商業廣場→Cais do Sodré車站搭火車→Alcantara-Mar→四月25日大橋

❗ 傍晚時分，到四月25日大橋附近的河畔散步，近距離欣賞這座類似金門大橋的橋梁

聖胡斯塔升降機

里斯本最經典的28號電車

玩里斯本行程規畫地圖

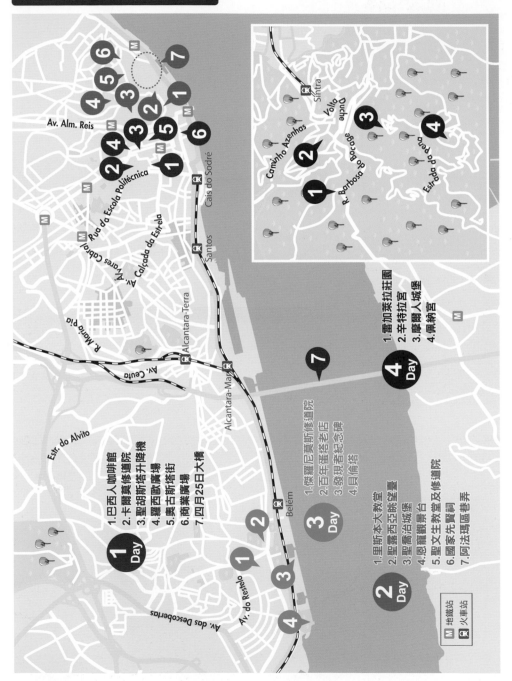

1 Day
1.巴西人咖啡館
2.卡爾莫修道院
3.聖胡斯塔升降機
4.羅西歐廣場
5.奧古斯塔街
6.商業廣場
7.四月25日大橋

2 Day
1.里斯本大教堂
2.聖露西亞眺望臺
3.聖喬治城堡
4.恩寵觀景台
5.聖文生教堂及修道院
6.國家先賢祠
7.阿法瑪區巷弄

3 Day
1.傑羅尼莫斯修道院
2.百年蛋塔老店
3.發現者紀念碑
4.貝倫塔

4 Day
1.雷加萊拉莊園
2.辛特拉宮
3.摩爾人城堡
4.佩納宮

M 地鐵站
🚊 火車站

Day 2 阿法瑪區 🚋🚶

1 09:00～10:00
里斯本大教堂
Sé de Lisboa

➡ 從市區搭28(E)號電車→Sé站

❗ 前往阿法瑪區的28號電車，沿著坡度攀爬的景觀是里斯本最經典的路線，尤其電車行駛過大教堂門前的瞬間，是熱門的拍照景點(電車上經常有扒手出沒，要注意身邊的財物)

2 10:15～10:30
聖露西亞眺望臺
Miradouro de Santa Luzia

➡ 里斯本大教堂→Rua Augusto Rosa→聖露西亞眺望臺(約10分)

❗ 從聖露西亞眺望臺上，居高臨下看到整個阿法瑪區錯落有致的房屋景觀

3 11:00～14:00
聖喬治城堡
Castelo de S. Jorge

➡ 聖露西亞眺望臺→太陽門廣場(Portas do Sol)→聖喬治城堡(約15分)

❗ 早期摩爾人興建的城堡，在中古世紀時是里斯本最重要的據點，在這附近休息午餐

布滿磁磚的奧古斯塔街

5 15:10～15:50
聖文生教堂及修道院
Mosteiro de São Vicente de Fora

➡ 恩寵觀景台→Tv. São Vicente→R. da Voz do Operário→Arco Grande de Cima→聖文生教堂及修道院(約15分)

❗ 葡萄牙最重要的修道院之一

4 14:15～15:00
恩寵觀景台
Miradouro Sophia de Mello Breyner Andresen

➡ 聖喬治城堡→Calçada da Graça→恩寵觀景台(約10分)

❗ 欣賞里斯本阿法瑪區的絕佳位置

6 16:00～16:40
國家先賢祠
Panteão Nacional

➡ 聖文生教堂→Arco Grande de Cima→國家先賢祠(約3分)

❗ 興建於西元1682年的巴洛克式教堂，許多里斯本的知名人士都長眠此地

7 16:50～18:30
阿法瑪區巷弄
Alfama

➡ 國家先賢祠→阿法瑪區巷弄

❗ 阿法瑪區是里斯本最老舊的地區，蜿蜒的石板巷弄及老舊房屋，都是這裡的特色，不妨安排在這區享用晚餐

摩爾人城堡宛如小型的萬里長城

Day 3 貝倫區 🚊🚶

仿金門大橋的四月25日大橋

1 09:30～12:00
傑羅尼莫斯修道院
Mosteiro dos Jerónimos

➡️ 從市區搭15號電車→Mosteiro dos Jerónimos站

❗ 傑羅尼莫斯修道院的人潮通常很多，建議早餐後趕緊搭乘電車前往，可以避開人潮

2 12:15～14:00
百年蛋塔老店
Pasteis de Belém

➡️ 傑羅尼莫斯修道院→Pasteis de Belém(約5分)

❗ 利用午餐時間，來品嘗這間蛋塔的發源老店

3 14:20～15:30
發現者紀念碑
Padrão dos Descobrimentos

➡️ Pasteis de Belém→發現者紀念碑(約10分)

❗ 參觀航海時代的紀念碑，紀念碑上的雕像都是航海時代的重要人物

4 16:00～17:30
貝倫塔
Torre de Belém

➡️ 發現者紀念碑→貝倫塔(約15分)

❗ 貝倫區是航海時代船隻出發的地點，具有歷史上的特殊意義，需注意最晚的入場時間為17:00

4 16:00～18:00
佩納宮
Parque e Palácio
Nacional da Pena

➡️ 摩爾人城堡→搭434號公車→佩納宮

❗ 色彩鮮豔的佩納宮，是葡萄牙最漂亮的城堡建築，被列為葡萄牙7大美景之一(11月～隔年5月只開放到17:00)

Day 4 近郊行程 —辛特拉 🚌🚶

商業廣場上的雕像

1 09:00～11:30
雷加萊拉莊園
Quinta da Regaleira

➡️ 里斯本Rossio火車站→Sintra→搭435號公車→雷加萊拉莊園

❗ 始建於10世紀的莊園，園內有許多精美的建築及天井，莊園從10:00開放

2 12:00～14:00
辛特拉宮
Palácio Nacional de Sintra

➡️ 雷加萊拉莊園→辛特拉宮(約15分)

❗ 辛特拉宮被列為世界遺產，是葡萄牙保存最完善的皇家宮殿

3 14:15～15:40
摩爾人城堡
Castelo dos Mouros

➡️ 辛特拉宮→搭434號公車→摩爾人城堡

❗ 興建於8世紀的城堡，殘留的城牆看起來像是小型的萬里長城，腿力不好的人可以跳過這個景點

貝倫區的發現者紀念碑

高第朝聖 巴塞隆納4日遊 熱情奔放的地中海城市

Day 1 高第作品巡禮 🚇🚌🚶

1 08:30～12:00 奎爾公園 Park Güell

➡️ (1)搭地鐵3號線到Vallcarca站→Avinguda de Vallcarca→Baixada de la Glòria→需要走一段斜坡路→Park Güell。(2)從Passeig de Gracia或加泰羅尼亞廣場(Plaça de Catalunya)搭24號公車→奎爾公園

❗ 位於小山丘上的奎爾公園，是高第所設計的作品之一，不但能眺望巴塞隆納市區，園內夢幻的建築風格也是值得參觀的重點

2 12:30～14:00 文森之家 Casa Vicens

➡️ 奎爾公園→Baixada de la Glòria→Avinguda de Vallcarca→Vallcarca地鐵站搭地鐵3號線→Fontana地鐵站出→文森之家

❗ 外觀採用紅磚結合磁磚的建築，是高第所設計的第一間宅邸，風格跟後來的作品稍有不同

3 14:20～16:00 米拉之家 Casa Milà

➡️ 文森之家→Fontana地鐵站搭地鐵3號線→Diagonal地鐵站出→米拉之家

❗ 米拉之家是一棟波浪形外觀的公寓建築，弧線形的建築構思，和陽台、屋頂煙囪的前衛設計，都會讓人驚豔

4 16:30～18:30 巴特婁之家 Casa Batlló

➡️ 米拉之家→Passeig de Gràcia→巴特婁之家(約8分)

❗ 從外觀到室內的設計，以色彩鮮豔的磁磚和不規則的廊柱，呈現出自然的流動美感

依然在施工中的聖家堂

Day 2 聖家堂周邊 🚇🚶

1 08:30～11:30 聖家堂 La Sagrada Família

➡️ 搭地鐵2或5號線→Sagrada Familia站出

❗ 巴塞隆納最著名的地標，自西元1882年開始建造至今都還沒完工，是一間風格相當獨特的教堂(售票窗口位於Plaça de la Sagrada Família的那一側)

2 12:30～14:00 高第大道 Av. de Gaudí

➡️ 聖家堂→高第公園(Plaça de Gaudí)→高第大道

❗ 參觀完聖家堂後，可以到前方的高第公園拍攝教堂倒映在湖面的景觀，然後前往高第大道附近吃午餐休息

3 14:30～16:00 聖十字聖保羅醫院 Hospital de la Santa Creu i Sant Pau

➡️ 高第大道→聖十字聖保羅醫院

❗ 創始於西元15世紀的醫院，被列為世界遺產之一

4 16:30～17:00 加泰隆尼亞廣場 Plaça de Catalunya

➡️ 聖十字聖保羅醫院→搭地鐵至Passeig de Gràcia站或Urquinaona站→加泰隆尼亞廣場

❗ 巴塞隆納市區最重要的廣場之一，周圍是熱鬧的商圈

5 17:10～19:00 蘭布拉大道 La Rambla

➡️ 加泰隆尼亞廣場→蘭布拉大道

❗ 名列為巴塞隆納最熱門的街道，整條大道的周邊是購物逛街的好去處，途中順便造訪布克里亞市場(Mercado de La Boqueria)

來到西班牙不能錯過的美食Tapas

玩巴塞隆納行程規畫地圖

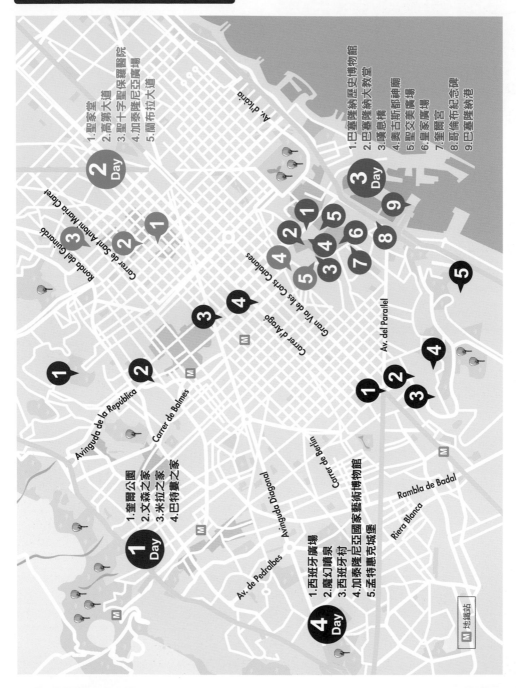

Day 2
1.聖家堂
2.高第大道
3.聖十字保羅醫院
4.加泰隆尼亞廣場
5.蘭布拉大道

Day 3
1.巴塞隆納歷史博物館
2.巴塞隆納大教堂
3.噴泉橋
4.奧古斯都神廟
5.聖文斯廣場
6.皇家廣場
7.奎爾宮
8.哥倫布紀念碑
9.巴塞隆納港

Day 1
1.奎爾公園
2.文森之家
3.米拉之家
4.巴特婁之家

Day 4
1.西班牙廣場
2.魔幻噴泉
3.西班牙村
4.加泰隆尼亞國家藝術博物館
5.孟特惠克城堡

M 地鐵站

Day 3 哥德區 🚇🚶

1 10:00～11:30 巴塞隆納歷史博物館 Museu d'Història de Barcelona

➡ 搭地鐵4號線→Jaume I地鐵站出→巴塞隆納歷史博物館

❗ 展示了古羅馬時代的遺跡及馬賽克磁磚壁畫

2 11:30～12:00 巴塞隆納大教堂 Catedral de Barcelona

➡ 歷史博物館→Carrer dels Comtes→巴塞隆納大教堂(3分)

❗ 興建於13～15世紀的哥德式教堂，教堂前的廣場經常會舉辦慶典活動

3 12:00～12:10 嘆息橋 Pont del bisbe

➡ 巴塞隆納大教堂→Carrer del Bisbe→嘆息橋(約3分)

❗ 仿威尼斯的嘆息橋而建，又稱為主教橋，流傳著詛咒的傳說，據說直視橋下的骷髏頭會遭逢厄運，但是如果倒著走過天橋就能帶來好運

6 13:30～14:30 皇家廣場 Plaça Reial

➡ 聖交美廣場→Carrer de Ferran→Carrer del Vidre→皇家廣場(約5分)

❗ 廣場棕櫚樹林立，周圍的騎樓底下有許多餐廳及酒吧，可以在這裡休息用午餐

5 12:40～13:00 聖交美廣場 Plaça Sant Jaume

➡ 奧古斯都神廟→Carrer del Paradís→聖交美廣場(約2分)

❗ 廣場自古以來就是巴塞隆納的政治及經濟中心，周邊林立著包括市政廳等歷史建築

4 12:15～12:30 奧古斯都神廟 Temple d'August

➡ 嘆息橋→Carrer de la Pietat→奧古斯都神廟(約2分)

❗ 興建於西元前1世紀的神廟遺跡，中庭保存著當年神廟的柯林式廊柱

7 15:00～15:30 奎爾宮 Palau Güell

➡ 皇家廣場→La Rambla→Carrer Nou de la Rambla→奎爾宮(約5分)

❗ 由奎爾聘請高第設計的奢華宅邸，屋子有大拱門及寬敞的迴旋階梯，讓馬車能夠通行

8 16:00～16:20 哥倫布紀念碑 Monument a Colom

➡ 奎爾宮→La Rambla→哥倫布紀念碑(約10分)

❗ 紀念哥倫布發現新大陸後返回西班牙的地點

9 16:30～18:30 巴塞隆納港 Platja de la Barceloneta

➡ 哥倫布紀念碑→巴塞隆納港(3分)

❗ 參觀販售各種蔬果、生鮮食物為主於奧運後重建的港口區，傍晚時分是散步的好去處

巴塞隆納最熱門的蘭布拉大道

巴塞隆納大教堂

Day 4
聖孟特惠克區

🚇🚶🏛

1 08:30～09:30
西班牙廣場
Plaça Espanya

➡ 搭地鐵1、3、8號線→Plaça Espanya站出→西班牙廣場

❗ 過去曾經是絞刑場，後來於1929年萬國博覽會修建，圓環中央有美麗的噴泉雕像，兩側的紅磚式威尼斯塔(Torres Venecianes)格外顯眼

2 09:50～10:00
魔幻噴泉
Font Màgica de Montjuïc

➡ 西班牙廣場→魔幻噴泉(5分)

❗ 噴泉可噴出高達4公尺高的水柱，週四～日晚上有燈光水舞秀，時間依季節調整

3 10:15～12:00
西班牙村
Poble Espanyol de Montjuic

➡ 魔幻噴泉→Av. de Francesc Ferrer i Guàrdia→西班牙村(約7分)

❗ 西班牙建築的縮影，仿照全國各區的特色所打造的藝術村

4 12:30～14:30
加泰隆尼亞國家藝術博物館
Museu Nacional d'Art de Catalunya

➡ 西班牙村→Av. de Francesc Ferrer i Guàrdia→國家藝術博物館

❗ 博物館內收藏許多加泰隆尼亞地區的攝影、繪畫等展覽品

5 15:00～17:00
孟特惠克城堡
Castell de Montjuïc

➡ 國家藝術博物館→Avinguda Miramar→孟特惠克纜車站(Funicular de Montjuïc)→搭纜車→孟特惠克城堡

❗ 興建於17世紀的軍事要塞，可以眺望港口及市區的景色

像童話故事場景的奎爾公園

奎爾公園內拼貼磁磚的座椅

棕櫚樹林立的皇家廣場

位於哥德區的嘆息橋

聖彼得堡**3**日遊 坐擁輝煌歷史的繁華大城

Day 1 博物館周邊 🚌🚶

1 `10:00～13:00`
艾米塔吉博物館
Hermitage Museum

➡️ 搭1、7、10號公車到Dvortsovaya Square站→宮殿廣場→艾米塔吉博物館

❗ 艾米塔吉博物館就是俗稱的冬宮，是世界上5大博物館之一，雖然博物館10:30才開放，建議提早來排隊

2 `13:10～14:00`
宮殿廣場
Palace Square

➡️ 艾米塔吉博物館→宮殿廣場(約2分)

❗ 聖彼得堡最重要的廣場，廣場中央有一座47.5公尺高的紅色花崗岩石柱，紀念沙皇亞歷山大一世打敗拿破崙入侵而興建

3 `14:10～15:00`
海軍總部大廈
Admiralty Building

➡️ 宮殿廣場→Admiralteyskiy Prospekt→海軍總部大廈(約3分)

❗ 俄國在18世紀時成立海軍的基地，建築物中央鍍金的尖塔頂部，設置了金色船形的風向指標

6 `17:15～17:30`
藍橋
Blue Bridge

➡️ 聖以薩大教堂→聖以薩廣場→藍橋(約5分)

❗ 連接聖以薩廣場和馬林斯基宮的藍橋，其97.3公尺的寬度是聖彼得堡最寬的橋梁

5 `15:40～17:00`
聖以薩大教堂
St. Isaac's Cathedral

➡️ 青銅騎士雕像→Senatskaya ploshchad→聖以薩大教堂(約5分)

❗ 兼具古典主義和拜占庭風格的教堂，是世界第三高的圓拱型建築，從教堂的頂端能夠將聖以薩廣場景觀盡覽眼底

4 `15:10～15:30`
青銅騎士雕像
The Bronze Horseman

➡️ 海軍總部大廈→Admiralty Embankment→青銅騎士雕像(約5分)

❗ 紀念俄國彼得大帝的騎士雕像，因為俄國詩人Alexander Pushkin的詩《青銅騎士》而聲名大噪

7 `17:35～18:00`
馬林斯基宮
Mariinsky Palace

➡️ 藍橋→馬林斯基宮(約1分)

❗ 採用紅砂岩興建的新古典主義風格宮殿，當年主要作為接待外賓使用

宮殿廣場及後方的艾米塔吉博物館

喀山大教堂的夜景

滴血救世主教堂華麗的外觀

玩聖彼得堡行程規畫地圖

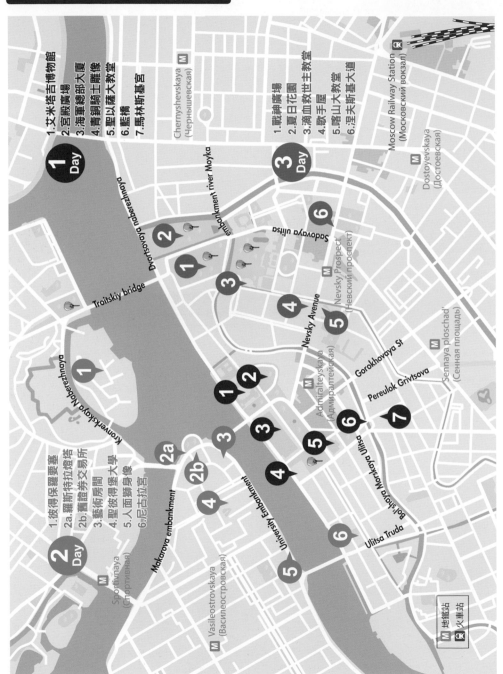

Day 1
1.艾米塔吉博物館
2.宮殿廣場
3.海軍總部大廈
4.青銅騎士雕像
5.聖以薩大教堂
6.藍橋
7.馬林斯基宮

Day 3
1.戰神廣場
2.夏日花園
3.滴血救世主教堂
4.歌手屋
5.喀山大教堂
6.涅夫斯基大道

Day 2
1.彼得保羅要塞
2a.羅斯特拉燈塔
2b.舊證券交易所
3.藝術房間
4.聖彼得堡大學
5.人面獅身像
6.尼古拉宮

Chernyshevskaya (Чернышевская) M

Moscow Railway Station (Московский вокзал) 🚉

Dostoyevskaya (Достоевская) M

Dvortsovaya naberezhnaya

Embankment river Moyka

Sadovaya ulitsa

Nevsky Prospect (Невский проспект) M

Troitskiy bridge

Nevsky Avenue

Kronverkskaya N.naberezhnaya

Admiralteyskaya (Адмиралтейская) M

Gorokhovaya St

Pereulok Grivtsova

Sennaya ploschad' (Сенная площадь) M

Makarova embankment

Universitetskaya Embankment

Bol'shaya Morskaya Ulitsa

Ulitsa Truda

Sportivnaya (Спортивная)

Vasileostrovskaya (Василеостровская) M

M 地鐵站
🚉 火車站

Day 2 兩島區 🚇🚶

1 10:00～12:00 彼得保羅要塞
Peter and Paul Fortress

➡ 搭地鐵藍線→Gor'kovskaya站出→Kamennoostrovsky avenue→Ioannovskiy Most→彼得保羅要塞

❗ 為了防禦瑞典的侵襲，由彼得大帝於1703年下令興建的城堡，堡壘裡面的彼得保羅大教堂是多位俄國沙皇的長眠之地，其123公尺高的尖塔是市區最高的鐘塔

聖以薩大教堂

艾米塔吉博物館內部

2 12:30～13:00 羅斯特拉燈塔& 舊證券交易所
Rostral Columns&Old St. Petersburg Stock Exchange

➡ 彼得保羅要塞→Kronverkskiy Proliv→Mytninskaya Naberezhnaya→Birzhevoy bridge→羅斯特拉燈塔 (約15分)

❗ 紅色的羅斯特拉燈塔共有2根，又稱為「海神柱」，柱子上有船型的雕刻裝飾，柱底的神話人物的大理石雕像，象徵著俄羅斯的4條主要河流，後方的白色建築為舊證券交易所

彼得保羅大教堂

3 13:10～15:00 藝術房間
Kunstkammer

➡ 羅斯特拉燈塔→University Embankment→藝術房間(約7分)

❗ 俄國第一間博物館，由彼得大帝於1727年成立，館內約莫有2百萬件收藏品

4 15:10～15:40 聖彼得堡大學
Saint Petersburg State University

➡ 藝術房間→University Embankment→聖彼得堡大學(約7分)

❗ 俄國最古老的大學，培育出不少歷史名人，包括列寧、總理普丁等人都是從這所學校畢業的校友

5 15:50～16:00 人面獅身像
Sphinx statue

➡ 聖彼得堡大學→University Embankment→人面獅身像(約10分)

❗ 這對人面獅身像原本矗立於埃及神廟前，19世紀於亞歷山大港公開出售，當時有位俄國旅遊家深受其美麗的外型所吸引，寫信鑑請俄國大使館收購

6 16:20～17:00 尼古拉宮
Nicholas Palace

➡ 人面獅身像→Blagoveshchenskiy bridge→尼古拉宮(約10分)

❗ 沙皇尼古拉一世為其子女所興建的宮殿

羅斯特拉燈塔及後方的舊證券交易所

Day 3 涅夫斯基大道區 🚎🚶

1 09:30～09:45
戰神廣場
Field of Mars

➡️ 搭3號電車→Suvorovskaya Square 站出

❗ 1917年俄國發生二月革命，許多犧牲的革命義士下葬於此地，廣場中央的不滅之火就是為了追悼這些犧牲者

2 10:00～11:00
夏日花園
Summer Garden

➡️ 戰神廣場→Dvortsovaya naberezhnaya →夏日花園(約10分)

❗ 18世紀由彼得大帝親自規畫建造的花園，供貴族休閒聚會的場所，園內盡是美輪美奐的雕像及噴泉景觀

涅夫斯基大道上的歌手屋

3 11:15～13:00
滴血救世主教堂
Church of the Savior on Blood

➡️ 夏日花園→Unnamed Road→滴血救世主教堂(約10分)

❗ 教堂的位置是亞歷山大二世被刺殺的地點，其子為了紀念他而興建這間教堂，教堂內的壁畫及精美的馬賽克磁磚都讓人歎為觀止

4 13:15～14:30
歌手屋
Casa Singer

➡️ 滴血救世主教堂→neberezhnaya kanala Griboyedova→歌手屋(約10分)

❗ 新藝術的建築風格大樓，樓房外的精美雕像和玻璃屋頂的地球為其特色，目前為書店及咖啡廳

5 14:40～15:00
喀山大教堂
Kasaner Cathedral

➡️ 歌手屋→過馬路→喀山大教堂

❗ 屬於俄國東正教的教堂，仿照古羅馬的聖彼得教堂興建，半圓形正面的94根柯林式廊柱非常壯觀

6 15:10～18:00
涅夫斯基大道
Nevsky Avenue

➡️ 喀山大教堂→涅夫斯基大道

❗ 聖彼得堡最熱鬧的街道，大道的兩旁盡是古典的樓房、旅館餐廳林立，是逛街購物的好去處

聖彼得堡最繁華的涅夫斯基大道

10天以上的跨國行程規畫

如果你的假期不長，我建議跨國旅遊頂多玩2個國家就好。跨國行程最重要、最麻煩的就是交通銜接的問題。基本上以鄰近的國家為優先考慮，盡量不要選擇相距遙遠的國家來組合，這樣交通上會比較複雜。通常面積小的國家之間，就很適合規畫跨國行程，以下列舉幾個跨國的旅遊規畫，給大家參考一下，如何安排出適當的路線。

波蘭

12 → 13

卡羅維瓦利 9~11

布拉格

捷克 Czech Republic

7

8 契斯凱・布達札維

德國 克倫洛夫

奧地利 Austria 斯洛伐克

6 林茲

5 薩爾斯堡 1.2 維也納

4 哈斯達特

3

義大利 葛拉茲 匈牙利

行程規畫的小標示們

- ✈ 飛機
- 🚆 火車
- 🚇 地鐵／電車
- 🚌 公車
- 🚕 計程車
- 🚶 步行
- 🏠 住宿

註：若是當日來回行程，未留宿出遊的目的地時，則該日無住宿標示。

超豐富 奧地利・捷克14日遊 風華絕代的奧捷雙國

Day 1 ✈🚌🚆

台灣→維也納 Wien 🏠

➡ 抵達維也納機場→搭巴士、S-Bahn火車或機場快線CAT→中央火車站(Wien-Mitte)→旅館

Day 2 🚇🚶

維也納市區 🏠

➡ 從市區搭地鐵→Schoenbrunn地鐵站出→熊布倫宮→返回市區

❗ 一早先前往郊區參觀熊布倫宮，感受奧匈帝國的輝煌歷史。中午過後返回市區，造訪聖史蒂芬大教堂、霍夫堡等熱門景點

位於維也納的霍夫堡

Day 3 🚇🚆

維也納→葛拉茲 Graz 🏠

➡ 從維也納中央車站(Wien Hbf)搭Railjet快車(約2小時35分)→葛拉茲中央車站換搭1、3、6、7號電車→舊城區

❗ 抵達葛拉茲之後，先去旅館放行李，接著往舊城區的中央廣場。舊城裡的房舍盡是披著彩繪壁畫，如中世紀美輪美奐的景觀被列為世界遺產之一

Day 4 🚇🚆⛴

葛拉茲→哈斯達特 Hallstatt 🏠

➡ 從葛拉茲車站搭EC或IC快車→Stainach-Irdning換車(總車程約2小時46分)→哈斯達特火車站乘渡輪→哈斯達特小鎮

❗ 以產鹽聞名的哈斯達特小鎮，擁有得天獨厚的湖光山色，除了欣賞湖畔的村莊之外，也可以搭纜車到山頂參觀鹽礦

Day 5 🚆🚌🚶

哈斯達特→薩爾斯堡 Salzburg 🏠

➡ 從哈斯達特火車站搭火車→Attnang-Puchheim換車(總車程約2小時6~30分)→薩爾斯堡

❗ 薩爾斯堡為莫札特的故鄉，舊城區裡有許多不容錯過的景點，電影《真善美》就是在這裡取景。山坡上的城堡是鳥瞰市區最佳地點

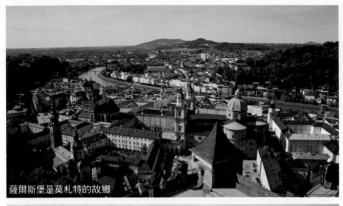

薩爾斯堡是莫札特的故鄉

查理大橋及後方的布拉格城堡

布拉格查理大橋上的街頭藝人

Day 6

薩爾斯堡→林茲 Linz

➡ 從薩爾斯堡火車站搭Railjet或IC快車(約1小時10分)→林茲

❗ 曾經是歐洲文化之都的林茲，雖然以工業城鎮起家，不過在經過多年發展後，市區裡現代化建築和舊房舍融為一體，隨處瀰漫著濃厚的文藝氣息。電子藝術中心的夜景，更讓人稱讚

Day 7

林茲→捷克─契斯凱・布達札維 Ceské Budejovice

➡ 從林茲火車站搭火車(RE快車約2小時)→契斯凱・布達札維

❗ 從奧地利出發前往捷克，首站便是契斯凱・布達札維，也就是大家所稱的CB。這裡是百威啤酒的發源地，因而又叫百威城

Day 8

CB→克倫洛夫 Ceský Krumlov

➡ 從CB搭火車(約45分)→克倫洛夫→CB(一日遊行程)

❗ 號稱波西米亞地區最美麗的小鎮，市區裡鮮豔的紅磚瓦房，搭配五彩繽紛的顏色，彷彿就是童話故事的場景一般，可以利用早上逛城堡區，下午悠閒地遊走在舊城內，體驗世界遺產小鎮的恬靜

Day 9

CB→布拉格 Praha

➡ 從CB搭火車(約2小時24分)→布拉格中央車站(Praha hl. n.)

❗ 布拉格匯集了許多華麗古建築的舊城，吸引許多觀光客前來造訪

Day 10

布拉格市區

➡ 從Staroměstská地鐵站出→布拉格城堡→小區廣場→查理大橋→國家劇院→貝特辛山景觀台

❗ 建於9世紀的城堡及布滿街頭藝人的查理大橋，是讓人印象深刻的迷人美景

Day 11

布拉格市區

➡ 從舊城區→市政廳廣場→猶太區→逛街血拼

❗ 前往舊城區，市政廳廣場上的天文鐘及舊市政廳的塔樓，是仔細觀賞的重點，利用下午過後半天的時間來血拼、購買紀念品

Day 12

布拉格→卡羅維瓦利 Karlovy Vary

➡ 從布拉格Florenc巴士總站搭巴士(約2小時15分)→卡羅維瓦利→市區參觀→泡溫泉

❗ 已經有6百多年歷史的卡羅維瓦利溫泉療養勝地，溫度、療效各有不同，裝飾精美的溫泉會館本身也是值得參觀的重點

Day 13 & 14

布拉格→台灣

➡ 機場搭機

體驗最多 愛沙尼亞・拉脫維亞・立陶宛15日遊

深度玩波羅的海三小國

愛沙尼亞 Estonia

1.2 塔林

3 塔爾圖

4 帕努

波羅的海

拉脫維亞 Latvia

5.6 里加

7 席古達

俄羅斯

8.9 希奧里艾

立陶宛 Lithuania

波蘭

10.11 考瑙斯

12.13 維紐斯

14 特拉凱

> 這3個小國，各自分開毋須太多天數，最適合安排在一起了。

Day 1

台灣→塔林 Tallinn 🏠

➡️ 抵達愛沙尼亞機場搭計程車→塔林市區(約10分)→旅館休息片刻後，市區參觀

❗ 無直飛班機，需在德國、芬蘭等地轉機

Day 2

塔林 🏠

➡️ 聖凱薩琳通道→市政廳廣場→市政廳→短腳街→圖皮亞舊山丘→古城牆

❗ 塔林舊城完善地保存許多中古世紀的建築，遊走在舊城裡，彷彿回到古代的場景一般

Day 3

塔林→塔爾圖 Tartu 🏠

➡️ 從市區搭計程車(約5分)→塔林巴士站搭巴士(約2小時30分)→塔爾圖巴士站→塔爾圖市區(約10分)

❗ 充滿文藝氣息的大學城─塔爾圖，以步行參觀市區最好

Day 4

塔爾圖→帕努 Pärnu 🏠

➡️ 從塔爾圖巴士站搭巴士(約2小時30分)→帕努

❗ 濱臨波羅的海的帕努，是愛沙尼亞夏天熱門的度假勝地，旅客們可以來這邊享受一下海邊悠閒的風情

Day 5

帕努→里加 Rīga 🏠

➡️ 從帕努巴士站搭Euroline巴士(約2小時30分)→里加→中央市場及貧民區

❗ 參觀歐洲最大的市場，如有多餘的時間，不妨順便造訪市場附近的貧民區

Day 7

里加→席古達 Sigulda

➡️ 從里加火車站搭火車(約1小時)→席古達→高亞國家森林公園(一日遊)

❗ 搭火車(時間比較快一些)或是巴士前往席古達，這裡是參觀高亞國家公園的起點，夏季提供了健行、騎腳踏車及各種森林活動，冬天可以滑雪橇

Day 6

里加 🏠

➡️ 市政廳廣場→聖彼得教堂→聖約翰教堂→貓之屋→里加大教堂

❗ 拉脫維亞的首都里加，其舊城區被列為世界遺產，市區裡除了有許多精美華麗的古建築之外，新藝術建築的樓房也是這城市的參觀重點

愛沙尼亞的首都塔林街景

希奧里艾的十字山

Day 8 🚌 🚶

里加→希奧里艾 Šiauliai 🏠

➡️ 從里加搭Euroline巴士(約2小時15分，每天只有4班車)→希奧里艾

❗ 立陶宛北邊的希奧里艾小鎮，字意上是指陽光的城市。市區的範圍並不大，抵達目的地之後，休息片刻在市區隨意逛逛

Day 9 🚌 🚶

希奧里艾 🏠

➡️ 從巴士總站搭巴士(約15分)→Domantai站→十字山(約20分)

❗ 前往希奧里艾附近的十字山，遍布了成千上萬的十字架，是立陶宛相當熱門的景點之一

Day 10 🚝 🚶

希奧里艾→考瑙斯 Kaunas 🏠

➡️ 從希奧里艾搭火車→Kaisiadorys(大多數的車次需要在此換車，車程約2小時40分)→考瑙斯

❗ 抵達後先到旅館放行李，然後可在市區隨意參觀

拉脫維亞的首都里加

10天以上的跨國行程規畫：愛沙尼亞·拉脫維亞·立陶宛15日遊

立陶宛特拉凱湖中城堡

Day 11 🚶

考瑙斯 🏠

➡️ 雷斯維大道(Laisvės Alėja)→舊城區→亞歷索塔山丘(Aleksotas)

❗ 以步行的方式參訪立陶宛的第二大城考瑙斯，包括現代化的雷斯維大道及古色古香的舊城區，遍布古典和巴洛克建築的樓房，營造出浪漫的氣氛。至於亞歷索塔山丘則是眺望整個考瑙斯舊城最佳的位置

Day 12 🚆🚶

考瑙斯→維紐斯 Vilniaus 🏠

➡️ 從考瑙斯搭火車(約1小時30分)→維紐斯→黎明之門(Aušros Vartai)→聖卡斯米爾教堂(Šv Kazimiero bažnyčia)→市政廳→皮利斯街(Pilies gatvė)→維紐斯大教堂(Vilniaus arkikatedra bazilika)

❗ 逛風情萬種的舊城區，包括維紐斯大教堂、皮利斯街等重要的景點

考瑙斯曾是立陶宛的文化中心

Day 14 & 15 🚶✈️

特拉凱→機場→台灣

➡️ 步行前往舊城區→維紐斯大學(Vilniaus Universitetas)→聖約翰教堂(Šv Jono bažnyčia)→聖安教堂建築群(Šv. Onos bažnyčia)→法蘭西斯肯教堂(Pranciškonų bažnyčia)→機場

❗ 白天參觀大學及教堂，傍晚後前往機場搭機準備返家

Day 13 🚆🚶

維紐斯→特拉凱 Trakai 🏠

➡️ 維紐斯火車站搭火車(約35分)→特拉凱→特拉凱城堡

❗ 特拉凱小鎮以湖中城堡聞名，這座建於14世紀的城堡，紅磚瓦的外觀矗立在湖中，顯眼的特徵成為立陶宛國內最熱門的觀光景點之一，非常值得參訪

優雅動人 奧地利・斯洛伐克・匈牙利 **10**日遊

東歐三國之藍色多瑙河

波蘭

捷克

斯洛伐克 Slovakia

烏克蘭

德國

1~3 4.5 維也納 布拉提斯拉瓦

奧地利 Austria

6~9 布達佩斯

義大利

匈牙利 Hungary

羅馬尼亞

維也納的卡爾斯教堂

位於布拉提斯拉瓦山頂上的白色城堡

泡溫泉是來到布達佩斯不能錯過的體驗

Day **1** ✈🚌🚆

台灣→維也納 Wien 🏠

➡ 抵達維也納機場→搭巴士、S-Bahn火車或機場快線CAT→中央火車站(Wien-Mitte)→旅館

Day **2** 🚇🚶

維也納 🏠

➡ 從Schoenbrunn地鐵站出→熊布倫宮(約10分)→返回市區

❗ 一早先前往郊區參觀熊布倫宮,感受奧匈帝國的輝煌歷史。中午過後返回市區,造訪聖史蒂芬大教堂、霍夫堡等熱門景點

Day **3** 🚇🚶

維也納 🏠

➡ 從Museum Sguartier地鐵站出→藝術史博物館→自然史博物館→搭地鐵→Karlsplatz地鐵站出→中央市場

❗ 早上前往參觀博物館,接著前往中央市場找間餐廳坐下來吃午餐。晚上可考慮聽場優雅動人的音樂會

Day **4** 🚇⛴

維也納→斯洛伐克—布拉提斯拉瓦 Bratislava 🏠

➡ 從市區搭地鐵→維也納渡船碼頭搭渡輪(約1小時15分)→布拉提斯拉瓦

❗ 搭渡輪經由多瑙河前往斯洛伐克的首都—布拉提斯拉瓦(渡輪僅在4~9月之間行駛,其他時間請搭火車)

Day 5 🚶

布拉斯提拉瓦 🏠

- ➔ 市區不大，所有的景點都能以步行的方式抵達
- ❗ 悠閒地漫步市區，包括山頂的白色城堡、聖馬丁教堂、舊市政廳、總統府等景點

Day 6 🚐🚋🚌🚆

布拉提斯拉瓦→匈牙利—布達佩斯 Budapest 🏠

- ➔ 從市區搭13號電車→火車站(Bratislava Hlavná Stanica)搭EC快車(約2小時40分)→布達佩斯火車站搭地鐵→市中心→Széchenyi fürdő地鐵站出
- ❗ 抵達布達佩斯之後，前往旅館放行李，順便午餐及休息片刻，下午時分搭乘地鐵前往知名的Széchenyi溫泉中心泡湯放鬆身心，可以消除旅途的疲憊並體驗當地療養溫泉的風氣

Day 7 🚐🚌🚶

布達佩斯 🏠

- ➔ 從市區搭47或49號路面電車→蓋特勒丘陵(Gellért-hegy)→自由橋(Szabadság híd)→中央市場(Nagy Vásárcsarnok)，沿著瓦奇街(Vaci utca)→市區搭16號巴士→漁夫堡→布達皇宮
- ❗ 早上行程結束後可在市場享用午餐，下午在市區逛完後，於傍晚時搭巴士前往山頂上的漁夫堡欣賞布達佩斯的夕陽美景(也可在此留到晚上觀賞夜景)

Day 8 🚐🚌🚶

布達佩斯 🏠

- ➔ 從市區搭2號路面電車→國會大廈→搭地鐵到Hősök tere地鐵站→英雄廣場→國立美術館(約1分)→人民公園(約5分)
- ❗ 一早前往國會大廈排隊入內參觀，用完午餐休息後，前往英雄廣場並順便參觀一旁的國立美術館。傍晚時分，可在市民公園散步

Day 9&10 ✈️✈️

布達佩斯→台灣

- ➔ 從Deák Ferenc tér搭乘公車100E前往機場
- ❗ 搭乘晚班飛機的人，早上前往鎖鏈橋及多瑙河邊散步，順便到商家選購紀念品，下午時分搭車前往機場，準備搭機返家

斯洛伐克的首都布拉提斯拉瓦市區

布達佩斯的漁夫堡

15天以下的深度單國行程規畫

單國的深度旅遊，是我最推薦的玩法，在準備工作上不但比較簡易，而且也有足夠的時間深入去體驗該國文化的精髓。通常花2週左右的時間玩一個國家剛剛好，如果是法國、德國或是義大利等面積較大的國家，便可以選擇某個區域來觀光即可，不需要跑遍整個國家。

德國
Germany

波蘭

比利時

捷克

① 法蘭克福

③.④ 伍茲堡

⑤ 班堡

② 海德堡

⑥ 羅騰堡

⑦ 紐倫堡

⑬ 慕尼黑

新／舊天鵝堡 ┤ ├ 上阿默高

赫恩修瓦高 ┤ ⑨ ⑩ ├ 加米施－帕騰科奇

⑧ ├ 米登華德

楚格峰＆ ⑫ ⑪
阿爾卑斯山

法國

奧地利

唯美浪漫 **德國14日遊**
城堡&羅曼蒂克雙大道

Day 1&2 ✈🚆🚌

**台灣→法蘭克福 Frankfurt →
海德堡 Heidelberg** 🏠

➡ 從法蘭克福機場搭火車(約50分)→Mannheim Hbf換車，或在Mainz Hbf換車(約1小時35分)→海德堡市區→旅館放行李→市區參觀

❗ 以海德堡的舊城區作為觀光起點，接著來到卡爾西奧多古橋(Karl-Theodor-Brucke)，最後可爬上哲學之道，是眺望舊城區和海德堡城堡的好位置

AlpspiX懸空觀景台

Day 3 🚶🚆

海德堡→伍茲堡 Würzburg 🏠

➡ 從市區步行→海德堡大學→搭登山纜車到海德堡城堡→健行到海德堡中央火車站(Heidelberg Hbf)搭火車(總車程約2小時20分)→Mannheim Hbf換車→法蘭克福(Main)Hbf換車→伍茲堡(Würzburg Hbf)

❗ 早上參觀聖靈教堂等景點後，下午搭火車移動至羅曼蒂克大道起點－伍茲堡

Day 4 🚶

伍茲堡 🏠

➡ 市區參觀

❗ 伍茲堡在第一次世界大戰期間被戰火摧殘，經過多年才重新整建復興。參觀列為世界文化遺產的主教宮殿 (Residenz)，景點集中在舊城區，緊接著舊美茵橋(Alte Mainbrucke)，爬上瑪麗安堡要塞(Festung Marienberg)，制高點是遠眺舊城區最佳處

Day 5 🚆🚶

伍茲堡→班堡Bamberg

➡ 從伍茲堡中央車站搭火車(約1小時)→班堡→伍茲堡中央車站(一日遊)

❗ 由舊城區為起點市區觀光。不能錯過位在瑪庫思橋(Markusbrucke)和下橋(Untere Bucke)之間的一段河岸屋舍，此處有小威尼斯(Klein Venedig)之稱

Day 6

伍茲堡→羅騰堡 Rothenburg ob der Tauber

➡ 從伍茲堡中央車站搭火車→Steinach(b Rothenb)換車→羅騰堡(Rothenburg ob der Tauber)(總車程約1小時)→伍茲堡中央車站(一日遊)

❗ 至今仍保留護城牆的中世紀小鎮，市區觀光

Day 7

伍茲堡→紐倫堡 Nürnberg

➡ 從伍茲堡中央車站搭火車(約1小時)→紐倫堡(Nürnberg Hbf)→伍茲堡中央車站(一日遊)

❗ 火車站對面的工匠廣場，直行往前至中央廣場(美之泉與聖母教堂)，接著爬上凱撒堡，參觀杜勒故居

Day 8

伍茲堡→富森 Füssen →赫恩修瓦高 Hohenschwangau 🏠

➡ 從伍茲堡中央車站搭火車→Treuchtlingen換車→Augsburg Hbf換車→Buchloe換車→富森(Füssen Bahnhof)(總車程約5小時)→搭巴士到赫恩修瓦高(約10分)

❗ 大移動至羅曼蒂克大道終點城市富森，今晚住宿在新天鵝堡山腳下飯店，漫步山腳下之小鎮

建於15～16世紀伍茲堡的舊美茵橋

海德堡舊城門

Day 9

赫恩修瓦高→新／舊天鵝堡 Schloss Neuschwanstein/ Hohenschwangau →富森

➡ 從市區→舊天鵝堡(步行約35分、搭巴士約15分或搭馬車)→新天鵝堡→回市區搭巴士至富森(約10分)(一日遊)

❗ 跟著導覽團分別參觀新舊天鵝堡，再搭巴士到富森市區觀光，別忘了尋找羅曼蒂克大道終點之門(Ende der Romantischen Straße)

Day 10

赫恩修瓦高→威斯教堂 Wieskirche→上阿默高 Oberammergau

➡ 從赫恩修瓦高搭巴士(約35分)→威斯教堂搭巴士(約45分)→上阿默高(一日遊)

❗ 前半段路程巴士行駛在羅曼蒂克大道之上，飽覽浪漫的景色。參觀威斯教堂內部令人屏息的壁畫，接著上阿默高市區觀光

Day 11

赫恩修瓦高 → 米登華德 Mittenwald →加米施－帕騰科奇Garmisch-Partenkirchen 🏠

➡ 從赫恩修瓦高搭巴士(約2小時)→加米施－帕騰科奇→加米施－帕騰科奇火車站搭火車(約20分)→米登華德

❗ 前往小提琴的故鄉米登華德市區觀光，下午回到加米施－帕騰科奇市區觀光

Day 12 🚠🎿

加米施－帕騰科奇 → 楚格峰 Zugspitze & 阿爾卑斯山區 Alpspitze

➡️ 阿爾卑斯山區(一日遊)

❗ 搭登山火車&纜車遊玩楚格峰和阿爾卑斯山區，千萬別錯過AlpspiX懸空觀景台，體力夠的人可以在山區健行

Day 13 & 14 🚆🚶✈️

加米施－帕騰科奇 → 慕尼黑 München → 機場 → 台灣

➡️ 從加米施－帕騰科奇搭火車(約1小時35分)→慕尼黑Hbf搭火車(約50分)→慕尼黑機場→台灣

❗ 慕尼黑市區觀光，順便血拼，搭晚班機轉機回溫暖的家

色彩繽紛的童話小屋是德國的特色

由瑪麗安堡要塞眺望美茵河和伍茲堡舊城區

童趣十足 德國10日遊
格林兄弟的童話大道

德國 Germany

8.9 不萊梅
7 哈美恩
6
4.5 卡塞爾
馬堡
3 施泰瑙
法蘭克福
1.2

Day 1 & 2 ✈️🚆🚌🚶

台灣 → 法蘭克福 Frankfurt 🏠

➡️ 從法蘭克福機場搭火車(約10分)→法蘭克福HB市區→旅館放行李→搭地鐵到Römer地鐵站出→市區參觀

❗ 由於華航直飛的緣故，國人前往德國的第一站幾乎都是法蘭克福。這座經濟繁榮的德國大城，市區裡的高樓大廈櫛比鱗次，不過它同時也是擁有眾多古蹟的文化古都，舊城區中心的羅馬廣場(Römer)及周邊景點絕對不容錯過，至於歌德大道(Goethe Str.)則是血拼的好去處

Day 3 🚆🚶

法蘭克福 → 哈瑙 Hanau → 格忍豪森 Gelnhausen → 施泰瑙 Steinau

➡️ 從法蘭克福(Main Hbf)搭火車(約20分)→哈瑙Hbf搭火車(約25分)→格忍豪森Bahnhof搭火車(約20分)→施泰瑙(Straße)

❗ 參觀童話大道起點也是格林兄弟的出生地－哈瑙，接著參觀紅鬍子大帝的領土－格忍豪森，緊接著參觀格林兄弟童年故居－施泰瑙。3個城市相去不遠，小鎮也不大，剛好可一日遊

15天以下的深度單國行程規畫：德國14日遊、德國10日遊

Day 4

法蘭克福→阿爾斯費爾特
Alsfeld→馬堡 Marburg 🏠

➡️ 從法蘭克福(Main Hbf)搭火車→Gießen換車→阿爾斯費爾特(Oberhess)(總車程約1小時45分)，再從Bahnhof搭巴士→Treysa Bahnhof、Schwalmstadt→Treysa火車站搭火車→馬堡(Lahn)(總車程約1小時40分)

❗ 小紅帽的故鄉——阿爾斯費爾特小鎮，獲選為歐洲古蹟保護的模範城市

Day 5 🚶

馬堡 🏠

➡️ 市區參觀

❗ 參觀馬堡這著名的大學城，是德國4大名校之一，也是格林兄弟的求學處。格林兄弟在此求學時，開始在各地收集民間故事和童話

Day 6

馬堡→卡塞爾 Kassel 🏠

➡️ 從馬堡(Lahn)搭火車(約1小時15分)→卡塞爾Hbf (tief)

❗ 參觀童話大道中點城市卡塞爾，格林兄弟居住超過30年的城市，格林兄弟博物館也在此

Day 7 🚃🚶

卡塞爾→哥廷根 Göttingen →
哈美恩 Hameln 🏠

➡️ 從卡塞爾Hbf搭火車(約1小時)→哥廷根搭火車→Elze(Han)換車→哈美恩(總車程約1小時20分)

❗ 參觀因為格林兄弟曾經在此擔任教職而被列入童話大道的城市，也是著名的大學城。傍晚搭火車前往哈美恩住宿

童話之路的小鎮上每年夏季都有童話演出的活動(攝影／魏國安)

格林兄弟博物館(攝影／魏國安)

不萊梅中央火車站(攝影／魏國安)

卡塞爾的威廉赫艾宮(攝影／魏國安)

Day 8 🚃🚶

哈美恩→不萊梅 Bremen 🏠

➡️ 從哈美恩搭火車(約2小時20分)→不萊梅Hbf

❗ 不萊梅古老的市政廳及羅蘭雕像是地標，遊客們只需循著地上標示的老鼠印記，便能尋訪各著名景點

Day 9&10 🚶🚃✈️

不萊梅→機場→台灣

➡️ 步行參觀不萊梅→不萊梅Hbf搭火車(約16分)→不萊梅機場→台灣

❗ 參觀格林童話中的城市音樂家出身地，也是童話大道的終點城市不萊梅。搭晚班機轉機回溫暖的家

鄉村悠閒 英格蘭・蘇格蘭15日遊

享受英國的鄉村悠閒

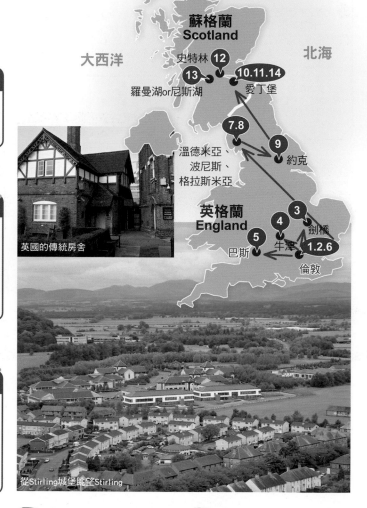

英國的傳統房舍

從Stirling城堡眺望Stirling

蘇格蘭 Scotland

大西洋

北海

史特林 **12**

13

羅曼湖or尼斯湖

10.11.14
愛丁堡

溫德米亞、
波尼斯、
格拉斯米亞

7.8

9
約克

英格蘭 England

3
劍橋

4
牛津

5
巴斯

1.2.6
倫敦

Day 1&2

台灣→倫敦 London 🏠

➡ 從機場搭地鐵(約25分)→倫敦市區
→旅館放行李→市區參觀

❗ 倫敦西敏寺區周邊景點市區觀光

Day 3

倫敦→劍橋 Cambridge

➡ 從Kings Cross或 Liverpool Street車
站搭火車(約50分～1小時20分)→
劍橋(一日遊)

❗ 租輛腳踏車或用雙腳漫步在大學城
裡,感受著名才子徐志摩再別康橋
的浪漫情懷,更別忘了搭平底船
(Punt)遊康河

Day 4

倫敦→牛津 Oxford

➡ 從Paddington搭火車(約1小時)→牛
津(一日遊)

❗ 租輛腳踏車或用雙腳漫步在比劍橋
稍微繁榮一點的另一個大學城裡,
參觀著名而且館藏豐富的幾間博物
館,包括英國最古老的Ashmolean
博物館

Day 5

倫敦→巴斯 Bath

➡ 從Paddington搭火車(約1小時30分)
→Bath Spa(一日遊)

❗ 徒步參觀景點集中,已列入世界遺
產的小鎮

Day 6

倫敦 🏠

➡ 市區參觀

❗ 倫敦河岸區周邊觀光,包括著名的
倫敦塔、倫敦塔橋、及市政廳。傍
晚時分前往蘇活區血拼購物

Day 7

倫敦→溫德米亞 Windermere 🏠

➡ 從Euston搭火車(約3小時20分)→溫
德米亞

❗ 坐火車移動至湖區小鎮溫德米亞,
享受火車沿途美景

Day 8 🚢🚌🚶

溫德米亞→波尼斯 Bowness →格拉斯米亞 Grasmere

➡️ 從溫德米亞搭渡輪(約10分)→波尼斯→溫德米亞搭巴士→格拉斯米亞

❗ 從溫德米亞健行2公里至Orrest Head，緩緩爬上坡輕鬆愉快地居高眺望溫德米亞湖和小鎮風情。接著參觀位於波尼斯，有彼得兔之家之稱的「The world of Beatrix Potter」。漫步格拉斯米亞，最後回到湖區最大也最具代表性的溫德米亞享受晚餐

Day 9 🚃🚶

溫德米亞→約克 York 🏠

➡️ 從溫德米亞搭火車(約3小時30分)→約克

❗ 坐火車移動至約克，先至旅館放行李後，前往擁有古老街道，歷史建築的市區觀光。這座有2千年的歷史古城，曾經是非常重要的軍事要塞，整個城市可說是英國的縮影

Day 10 🚃 🏠

約克→愛丁堡 Edinburgh 🏠

➡️ 從約克搭火車(約2小時30分)→ 愛丁堡Waverley車站

❗ 早上繼續完成前一天未完的市區觀光，傍晚坐火車移動至愛丁堡。愛丁堡這個充滿文藝氣息的古城，曾經是蘇格蘭的首府，匯集了許多學者及知識分子，是英國最具有特色的城市之一

Day 12 🚃🚶

愛丁堡→史特林 Stirling(一日遊)

➡️ 從愛丁堡搭火車(約50分)→史特林

❗ 今日的行程停留在史特林市區觀光，這裡是電影《梅爾吉勃遜之英雄本色》的故事背景，除了參觀史特林城堡之外，在城堡制高點更可眺望整個小鎮的悠悠風情

Day 11 🚶

愛丁堡 🏠

➡️ 市區參觀

❗ 前往列入世界文化遺產的舊城區觀光，包括愛丁堡城堡，從城堡可居高俯視市區。其他如聖蓋爾教堂、蘇格蘭國家博物館、皇家哩大道都是不能錯過的重點

Day 13 🚌

愛丁堡→羅曼湖 Loch Lomond 或尼斯湖 Loch Ness

➡️ 湖區參觀(一日遊)

❗ 參加當地旅行團去交通較不便的羅曼湖或尼斯湖。(第11天時可在愛丁堡市區之Information Center訂購)

Day 14&15 🚌🚶🚢✈️

愛丁堡→機場→台灣

➡️ 步行參觀愛丁堡新城區→Waverley station搭巴士(約30分)→愛丁堡機場

❗ 同樣列入世界文化遺產的新城區觀光。先爬上視野極佳的卡爾頓丘。下來後參觀國家畫廊，市區最後血拼，準備搭巴士回機場搭機

尼斯湖畔

倫敦街頭

牛津大學(攝影／章益銓)

活力奔放 **西班牙12日遊** 熱情奔放的佛朗明哥國度

巴塞隆納的巴特婁之家

西班牙 Spain

葡萄牙

❸ 塞哥維亞
❶❷ 馬德里
托雷多
❹
❺ 哥多華
❻
塞維亞
❼❽ 格拉納達
❾～⓫ 巴塞隆納

地中海

TIO PEPE

太陽廣場是馬德里最熱鬧的地方

Day 1&2

台灣→馬德里 Madrid 🏠

➡️ 從機場搭地鐵(約15分)→馬德里市區Nuevos Ministerios地鐵站→旅館放行李→市區參觀

❗ 由舊城區的中心太陽門廣場為起點做市區觀光,最後別錯過館藏豐富的國立普拉多美術館。晚上若還有體力可去欣賞佛朗明哥表演

Day 3

馬德里→塞哥維亞 Segovia

➡️ 從Nuevos Ministerios地鐵站搭地鐵(約10分)→Chamartin搭火車(約30分)→塞哥維亞(一日遊)

❗ 坐火車抵達後,換搭巴士來到賽哥維亞最有名,也是歐洲最完整的羅馬水道橋,以此為起點開始豐富的名勝古蹟之旅

Day 4

馬德里→托雷多 Toledo

➡️ 從Madrid-Puertade Atocha搭火車(約30分)→托雷多(一日遊)

❗ 坐火車抵達後,換搭巴士至索科多瓦廣場開始舊城區的市區觀光,熱門景點很集中,先到旅遊中心拿份地圖,以免在小巷弄中迷路

Day 5

馬德里→哥多華 Cordoba →塞維亞 Sevilla 🏠

➡️ 從Madrid-Puertade Atocha搭火車(約1小時50分)→ Cordoba Central搭火車(約1小時)→Sevilla Santa Justa

❗ 哥多華市區觀光,可搭巴士到清真寺,景點都集中在這附近,傍晚搭火車至塞維亞住宿

Day 6 🚶

塞維亞 🏠

➡️ 市區參觀

❗ 觀光景點都集中在瓜達吉維亞河的東側，中心點就是緊臨大教堂的迴旋塔，在巷弄中搞不清方向時，記得抬頭看看迴旋塔在那個方位

Day 7 🚆🚶

塞維亞→格拉納達Granada 🏠

➡️ 從Sevilla Santa Justa搭火車(約3小時10分)→格拉納達

❗ 早上繼續昨天未完成之市區觀光，吃完午餐搭火車前往格拉納達

Day 8 🚶

格拉納達 🏠

➡️ 市區參觀

❗ 由依莎貝拉廣場為起點，漫步在位於內華達山脈山腳下的歷史小鎮

Day 9 🚌✈️

格拉納達→巴塞隆納 Barcelona 🏠

➡️ 從市區搭巴士(約45分)→格拉納達機場搭飛機(約1小時20分)→巴塞隆納→市中心加泰隆尼亞廣場搭機場巴士(約40分)

❗ 由加泰隆尼亞廣場為起點，舊城區市區觀光

Day 11&12 🚌✈️

巴塞隆納→台灣

➡️ 從市區的Plaça Espanya或Plaça de Catalunya，搭乘Aerobus前往機場，上車前要確認是開往T1或是T2航廈

❗ 搭乘晚班飛機的人，可以利用白天的時間造訪巴塞隆納港口區，傍晚搭公車前往機場，準備搭機返家

Day 10 🚆🚶

巴塞隆納 🏠

➡️ 搭地鐵遊高第建築

❗ 高第的聖家堂、高第之家博物館、文生之家、巴特妻之家、米拉之家，全都列入世界遺產

美味可口的西班牙火腿
(攝影／Jean)

西班牙的街頭藝人(攝影／Jean)

巴塞隆納的奎爾公園

華麗貴氣 法國15日遊

都會巴黎&法國城堡巡禮

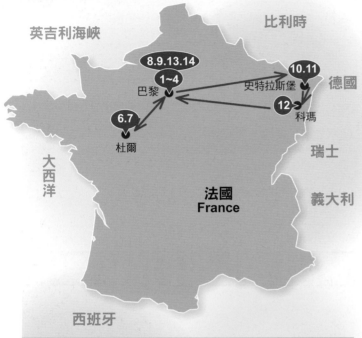

英吉利海峽
比利時
8.9.13.14
1~4
巴黎
10.11
史特拉斯堡
德國
6.7
杜爾
12
科瑪
大西洋
法國 France
瑞士
義大利
西班牙

壯觀的凱旋門

Day 1&2 ✈🚄

台北→巴黎 Paris 🏠

➡ 從巴黎戴高樂機場(CDG)搭RER B線(約30分)→巴黎北站(Paris Nord)轉地鐵→旅館

❗ 從台灣出發前往花都巴黎，在飛機上度過Day1

Day 3 🚄🚶

巴黎 🏠

➡ 從Charles de Gaulle Etoile地鐵站出→凱旋門→香榭麗舍大道→亞歷山大三世橋→協和廣場→杜樂麗花園

❗ 香榭麗舍大道是重點，從香榭大道一路走往杜樂麗花園，沿路不但商家林立，也可找家咖啡館坐下來品嘗巴黎的人文風氣

Day 4 🚄🚶

巴黎 🏠

➡ 從Palais Royal-Musée du Louvre地鐵站出→羅浮宮→磊薩商場→龐畢度中心

❗ 參觀羅浮宮最好一早就前往排隊，以避開人潮，中午過後前往磊薩商場一帶，參觀景點之餘還可以順便逛街購物

Day 5 🚄🚶

巴黎 🏠

➡ 從Trocadéro地鐵站出→特洛卡德羅花園→巴黎鐵塔→戰神公園廣場→圓頂教堂→傷兵院

❗ 參觀巴黎鐵塔周圍的景點是重點，如想搭電梯前往塔頂也要提早出門，經費足夠的話，可考慮在鐵塔上的餐廳享用午餐。若是時間允許，下午前往聖母院地區

夜間的聖心堂(攝影／Lilian)

羅浮宮外的噴泉(攝影/Lilian)

 Day 6 🏠

巴黎→杜爾 Tours 🏠

➡️ 從巴黎蒙帕那斯車站(Paris-Montparnasse)搭高速火車TGV(約1小時10分，部分車次需在St-Pierre-des-Corps換搭R列車)→杜爾→旅館放行李→搭乘RE列車前往Chenonceaux

❗ 以杜爾為中心在羅亞爾河地區做放射性玩法，可搭區域性火車到Chenonceaux城堡參觀

 Day 7 🚌🚶

杜爾 🏠

➡️ 因為有些城堡的交通不便，可以考慮參加當地旅遊中心的一日導覽團

❗ 參觀羅亞爾河地區具代表性的城堡，如香波堡(Charmbord)、龍爵堡(Langeais)等重點

 **Day 8** 🚆🚌🚶🚢

杜爾→巴黎 🏠

➡️ 從杜爾搭高速火車TGV(約1小時10分)→巴黎→旅館放行李→搭地鐵到Anvers地鐵站出→聖心堂→小丘廣場→紅磨坊→Alma Marceau地鐵站→塞納河畔搭船

❗ 返回巴黎休息片刻後，前往蒙馬特地區，可以在此午餐或是享用下午茶。傍晚時分再搭船遊塞納河賞美麗夕陽

 Day 9 🚆🚶

巴黎 🏠

➡️ 從巴黎Montparnasse火車站搭火車(約15分)→Versailles Chantiers車站出→Rue des Etats-Généraux→Avenue de Paris→凡爾賽宮(總步行約20分)

❗ 搭車前往巴黎郊區，參訪凡爾賽宮，宮殿的外觀是古典主義風格的建築，內部的華麗裝飾以巴洛克風為主，少數的廳堂是誇張的洛可可風，側花園也是值得參觀的重點

Day 10 🚆

巴黎→史特拉斯堡 Strasbourg Ville 🏠

➡️ 從巴黎東站(Paris-Est)搭高速鐵路TGV(約2時18分)→史特拉斯堡(Strasbourg Ville)

❗ 抵達當地之後先去旅館放行李，接著到舊城參觀宏偉壯觀的聖母院大教堂，教堂旁邊的房舍(Maison Kammerzell)有聖經與神話故事的雕刻，也是不能錯過的景點

協和廣場(攝影／Lilian)

Day 11 🚶🚢

史特拉斯堡 🏠

➡ 以步行的方式參觀市區

❗ 早上出發到小法國區(Petit France)，欣賞法國傳統的木製古老房屋，彷彿走進童話故事的場景一般。接著前往本地最古老的橋梁—庫維橋(Ponts Couverts)參觀，中午用完餐休息片刻後，可以安排搭船來趟遊河之旅，度過悠閒又愜意的一天

Day 12 🚆🚶

史特拉斯堡→科瑪 Colmar

➡ 從火車站搭RE火車或TGV(約25～30分)→科瑪(一日遊)

❗ 今天前往附近的小鎮科瑪，參觀聖馬丁大教堂(La Collégiale Saint-Martin)及關稅廣場一帶的舊城區之外，也可搭小船穿梭於市區的河道，體驗小鎮的悠閒時光

Day 14 & 15

巴黎→台灣

➡ 機場搭機

Day 13 🚆

史特拉斯堡→巴黎 🏠

➡ 從火車站搭TGV高速火車(約2小時18分)→巴黎

❗ 今日返回巴黎，進行最後的血拼購物，準備隔天搭飛機回家

巴黎市區全景 (攝影／Lilian)

陽光路線 南法15日遊 享受巴黎&陽光熱情的南法

Day 1&2 🛫🚇

台灣→巴黎 Paris 🏠

➡️ 從巴黎戴高樂機場(CDG)搭RER B線(約30分)→巴黎北站(Paris Nord)搭地鐵→旅館

❗ 從台灣出發前往花都巴黎,在飛機上度過第一天

Day 3 🚇🚶

巴黎 🏠

➡️ 從Charles de Gaulle Etoile地鐵站出→凱旋門→香榭麗舍大道→亞歷山大三世橋→協和廣場→杜樂麗花園

❗ 香榭麗舍大道是重點,從香榭大道一路走往杜樂麗花園,沿路不但商家林立,也可找家咖啡館坐下來品嘗巴黎的人文風氣

Day 4 🚇🚶

巴黎 🏠

➡️ 從Palais Royal-Musée du Louvre地鐵站出→羅浮宮→磊薩商場→龐畢度中心

❗ 參觀羅浮宮最好一早就前往排隊,以避開人潮,中午過後前往磊薩商場一帶,參觀景點之餘還可以順便逛街購物

Day 5 🚇🚶

巴黎 🏠

➡️ 從Trocadéro地鐵站出→特洛卡德羅花園→巴黎鐵塔→戰神公園廣場→圓頂教堂→傷兵院

❗ 參觀巴黎鐵塔周圍的景點是重點,如想搭電梯前往塔頂也要提早出門,經費足夠的話,可考慮在鐵塔上的餐廳享用午餐。若是時間允許,下午前往聖母院地區

Day 6 🚊🚌

巴黎→亞維農 Avignon 🏠

➡️ 從Gare-de-Lyon車站搭高速火車TGV(約2小時40分)→亞維農轉搭巴士→亞維農市區

❗ 抵達後先到旅館放行李,可以步行的方式參觀教皇宮(Palais des Papes)、斷橋(Pont St-Bénezét)等知名景點

德國

瑞士

義大利

法國 France

1~5 13.14 巴黎

6.7 亞維農
8.9 馬賽
11 坎城
10 尼斯
12 艾日、摩納哥

尼斯的海灘(攝影/章益銓)

Day 7 🚲

亞維農 🏠

➡️ 可以考慮自行租車,或是參加當地旅遊中心舉辦的一日旅遊團

❗ 被列為世界遺產的嘉德水道橋值得參觀,如果剛好是7月分來到普羅旺斯,更不能錯過瀰漫著花香的薰衣草田了

Day 8 🚈🚶

亞維農→馬賽 Marseille 🏠

➡️ 從亞維農TGV車站搭TGV高速火車(約30分)→馬賽Marseille-Saint-Charles車站

❗ 抵達後先到旅館放行李,接著前往市區參觀。馬賽地中海沿岸重要的海港,也是電影《終極殺陣(Taxi)》系列的場景拍攝地

Day 9 🚢🚶

馬賽 🏠

➡️ 市區觀光→搭船到伊芙島半日遊(船程約20分)

❗ 位於馬賽外海的伊芙島,是小說《基度山恩仇記》的場景之一,可以藉由島上的城堡懷想小說裡的情節,這裡也是眺望整個馬賽港最佳的地點

Day 12 🚈🚶

尼斯→艾日 Èze → 摩納哥 Monaco

➡️ 從尼斯火車站搭RE列車(約15分)→艾日,可步行前往艾日小鎮→摩納哥搭TER列車(約7分),也可以自行租車)(一日遊)

❗ 建於山崖邊的艾日因險峻的地形,素有鷹巢小鎮之稱,除了能欣賞到浩瀚的海景,山頂上還有個異國植物園。到摩納哥體驗富人匯集的天堂,地下的鐘乳石洞穴及皇宮也是不容錯過的景點

Day 11 🚈🚶

尼斯→坎城 Cannes

➡️ 從尼斯火車站搭TGV或RE列車(約30~40分)→坎城(一日遊)

❗ 除了參觀節慶宮之外,舊城裡的街道及琳瑯滿目的店家也別錯過,因為處處都散發著南法的陽光風情

Day 10 🚈🚶

馬賽→尼斯 Nice 🏠

➡️ 從馬賽火車站搭TGV或RE列車(約2小時40分)→尼斯車站(Nice-Ville)

❗ 今日搭車前往蔚藍海岸的中心─尼斯,這由希臘人所建造的城市,一直是地中海沿岸熱門的度假勝地,花點時間漫步在英國人散步大道上,享受地中海熱情的氛圍

Day 13 🚈

尼斯→巴黎 🏠

➡️ 尼斯搭TGV高速火車(約5小時50分)→巴黎

❗ 返回巴黎進行最後的血拼購物行程,準備隔天前往機場搭飛機返回台灣

Day 14&15

巴黎→台灣

➡️ 機場搭機

位於法國境內的小國─摩納哥(Monaco)

只玩重點 義大利14日遊

重點城市一網打盡

15天以下的深度單國行程規畫：南法15日遊、義大利14日遊

Day 1&2 ✈🏨

台灣→羅馬 Roma 🏠

➡ 從機場搭Leonardo Express火車(約30分)→羅馬Termini市區→旅館休息

❗ 搭飛機前往義大利，在飛機上度過Day1

Day 3 🚃🚶

羅馬 🏠

➡ 從Colosseo地鐵站出→至圓形競技場及周邊

❗ 參觀圓形競技場、君士坦丁凱旋門、古希臘聖母教堂等古羅馬的遺跡

Day 4 🚃🚶

羅馬 🏠

➡ 從Ottaviano-San Pietro地鐵站出→梵蒂岡→搭地鐵到Flaminio地鐵站出→波波洛廣場→西班牙廣場(約20分)

❗ 早上參觀梵蒂岡的博物館及全世界最大的聖彼得大教堂，下午前往西班牙廣場一帶

Day 5 🏨🚶

羅馬→佛羅倫斯 Firenze 🏠

➡ 從羅馬Termini火車站搭Eurostar火車(約1小時30分)→佛羅倫斯Firenze S.M.N火車站

❗ 抵達佛羅倫斯後，先將行李放置旅館，午餐後前往參觀烏菲茲美術館

瑞士

奧地利

法國

12.13 米蘭

11 維洛那

9.10 威尼斯

亞得里亞海

7 比薩

5.6 佛羅倫斯

西恩納

8

1~4 羅馬

義大利 Italy

第勒尼安海

愛奧尼亞海

佛羅倫斯的百花大教堂 (攝影／章益詮)

Day 6 🚶

佛羅倫斯 🏠

➡️ 中央市場→聖羅倫佐教堂→聖母百花大教堂→藝術學院美術館→領主廣場→舊橋→碧提宮

❗ 以步行的方式參觀佛羅倫斯，體驗市區裡文藝復興的人文氣息。聖母百花大教堂及藝術學院美術館值得花時間慢慢欣賞

Day 7 🚆🚶

佛羅倫斯→比薩 Pisa

➡️ 從佛羅倫斯S.M.N火車站搭火車(約1小時)→比薩→維多艾曼紐廣場→荊棘聖母瑪麗亞教堂→騎士廣場→比薩斜塔→主教堂(一日遊)

❗ 抵達比薩市區後步行至神蹟廣場(Piazza dei Miracoli)，前往參觀著名的比薩斜塔及大教堂

Day 8 🚆

佛羅倫斯→西恩納 Siena

➡️ 從佛羅倫斯Rifredi火車站搭火車(約1小時)→聖吉米納諾(Poggibonsi-S. Gimignano)→西恩納搭火車(約25分)→佛羅倫斯(一日遊)

❗ 早上搭車前往郊區參觀中古世紀的百塔小鎮——聖吉米納諾，下午再轉車前往世界遺產小鎮——西恩納，體驗文藝復興的藝術瑰寶

Day 11 🚆

威尼斯→維洛那 Verona 🏠

➡️ 從威尼斯搭IC火車(快車，約1小時30分)→維洛那

❗ 維洛那是羅密歐與茱麗葉的故鄉，優美雅致的市區保存著許多古羅馬的建築遺跡，徜徉在古色古香的街道上格外浪漫，茱麗葉之家及圓形競技場都是不容錯過的重要景點

Day 10 ⛴️

威尼斯 🏠

➡️ 從渡輪碼頭搭DM線的水上巴士(約30分)→慕拉諾(Murano)搭LN線的水上巴士(約30分)→布拉諾(Burano)→威尼斯

❗ 前往外海的慕拉諾島，參觀玻璃工廠，及布拉諾島，欣賞島上五顏六色的房舍

Day 9 🚆🚶

佛羅倫斯→威尼斯 Venezia 🏠

➡️ 從佛羅倫斯S.M.N火車站搭歐洲之星火車(約2小時)→威尼斯S. Lucia火車站

❗ 抵達後先到旅館放行李，再前往雷雅多橋、聖馬可廣場、聖馬可大教堂，還可搭電梯到鐘樓頂端眺望威尼斯全景

Day 12 🚆🚌🚶

維洛那→米蘭 Milano 🏠

➡️ 從維洛那火車站搭火車→米蘭中央火車站到地下樓層搭地鐵(總車程約1小時40分)→Duomo→艾曼紐二世拱廊(約2分)→史豐哲斯可城堡(Castello Sforzesco) (約20分)

❗ 前往歐洲三大教堂之一的米蘭大教堂及周邊景點，記得要搭電梯到教堂屋頂參觀。沿途可順便血拼

Day 13&14

米蘭→台灣

➡️ 機場搭機

貢多拉是威尼斯特殊的景象

威尼斯聖馬可大教堂

威尼斯貢多拉的船伕

[東歐風采] 波蘭**14**日遊 世界遺產&童趣小矮人

Day 1&2 ✈📷🚶

台灣→華沙Warszawa 🏠

➡️ 從蕭邦機場(WAW)搭乘175號公車(約30分鐘)→市區

❗ 台灣搭飛機出發，第一天在飛機上過夜，隔天早上抵達波蘭首都華沙。前往市區之後，先去造訪地標性的建築「文化科學宮」，剩餘時間在附近的商圈逛街

Day 3 🚶

華沙 🏠

➡️ Krakowskie Przedmie Cie→總統府→皇家城堡→舊城區→居里夫人故居

❗ 參觀華沙舊城區的景點，華沙舊城在二次大戰被轟炸後，幾乎變成廢墟，如今是仿照原本的藍圖所重建的模樣

Day 4 📷

華沙→托倫Toruń 🏠

➡️ 從華沙中央車站(Warszawa Centralna)搭火車(約3小時)→托倫(Toruń Główny)

❗ 托倫是波蘭最古老的城市之一，保存完善的舊城區被列入世界遺產之林，包括出生於此地的名人哥白尼的雕像(Nicolaus Copernicus Monument)、大教堂、古城牆斜塔都是參觀的重點

波羅的海　　　　　　　　立陶宛

德國　　　　　　　　　　　　　白俄羅斯

托倫 ④ Toruń
⑤.⑥ 波茲南 Poznań
波蘭 Poland
①~③.⑬ 華沙 Warszawa

弗羅茨瓦夫 Wrocław
⑦.⑧

奧斯威辛 Oświęcim
⑨.⑩ 克拉科夫 Kraków
⑫　⑪ 維利奇卡 Wieliczka
烏克蘭

捷克　　　　　　　　　斯洛伐克

波茲南的舊城廣場

Day 5 📷

托倫→波茲南Poznań 🏠

➡️ 從托倫火車總站(Toruń Główny)搭火車(約1小時30分)→波茲南(Poznań Główny)

❗ 早上搭火車前往波茲南，利用下午的時間造訪波茲南皇宮(Zamek Cesarski)及旁邊的密坎凱維奇公園(Park Mickiewicza)

Day 6 🚶

波茲南 🏠

➡️ 舊城廣場(Stary Rynek)→市政廳(Ratusz w Poznaniu)→大教堂(Katedra Poznańska)

❗ 舊城廣場上林立著色彩繽紛的房屋，彷彿是童話故事的場景，廣場上還有多座精美的噴泉雕像，是絕對會讓人流連忘返的地方

Day 7 📷

波茲南→弗羅茨瓦夫Wrocław 🏠

➡️ 從波茲南火車總站(Poznań Główny)搭火車(約2小時20分)→弗羅茨瓦夫(Wrocław Główny)

❗ 搭火車前往弗羅茨瓦夫，在二次大戰之前這裡是德國的重要城市，因此融合了多元文化的色彩

Day 8 🚶

弗羅茨瓦夫 🏠

➡️ 市集廣場(Market Square)→Stare Jatki→弗羅茨瓦夫大學(University of Wrocław)→室內市場(Hala Targowa)→座堂島(Ostrów Tumski)→大教堂(Katedra)

❗ 弗羅茨瓦夫的市區以市集廣場為中心，舊城區裡有超過300座小矮人的雕像分散各地，遊走在街道的同時，不妨留意隱藏在每個角落的可愛小矮人

Day 9 🚋

弗羅茨瓦夫→克拉科夫 🏠
Kraków

➡️ 從弗羅茨瓦夫火車總站(Wrocław Główny)搭火車(途經Częstochowa，約3小時20分)→克拉科夫(Kraków Główny)

❗ 搭火車前往波蘭的舊都兼第二大城克拉科夫，抵達後先去旅館放行李，到市集廣場(Rynek Główny)附近隨意逛逛

Day 10 🚶

克拉科夫 🏠

➡️ 瓦維爾城堡(Zamek Królewski na Wawelu)→聖母大教堂(Bazylika Mariacka)→聖福里安城門(St. Florian's Gate)

❗ 今天造訪克拉科夫市區的景點，由於這裡是波蘭的舊都，曾經是波蘭王室住所的瓦維爾城堡當然不能錯過，其他還有很多座教堂也可以沿路參觀

以鐵絲網與外界隔絕的集中營

Day 12 🚌

克拉科夫→奧斯威辛Oświęcim

➡️ 從火車站旁的公車站搭公車(約1小時30分)→Więźniów Oświęcimia→步行至奧斯威辛集中營(約5分)(一日遊)

❗ 前往附近的奧斯威辛集中營一日遊，二次大戰的時候，納粹政權將歐洲各地的猶太人逮捕之後，運送到此地並加以殺害

Day 11 🚋🚶

克拉科夫→維利奇卡Wieliczka

➡️ 從克拉科夫火車總站(Kraków Główny)搭火車→Wieliczka站→Edwarda Dembowskiego→維利奇卡鹽礦(步行約15分)(一日遊)

❗ 於1978年被登錄為世界遺產的維利奇卡鹽礦(Kopalnia Soli Wieliczka)，在地底下的最深處達65公尺，裡面的隧道共超過100公里長，礦區內的雕像、水晶燈吊飾，全都是以鹽的結晶打造而成

Day 13 & 14 ✈️ 🚅

克拉科夫→華沙→台灣

➡️ 搭火車返回首都華沙(快車約2小時30分)，準備搭飛機回家

❗ 前往機場搭機，隔天抵達家裡

克拉科夫的舊城廣場

密坎凱維奇公園

弗羅茨瓦夫大學精美的廳堂

深入地底下65公尺的維利奇卡鹽礦

10天以上的主題式行程規畫

歐洲每個國家都有獨特的風景，想要體驗阿爾卑斯山嶽之美，瑞士及奧地利絕對是列為首位的選擇，若是你想要悠閒的海島假期，那麼不妨考慮前往希臘度假。建議大家在規畫自己的歐洲假期時，何不設下一個主題之旅，這樣會更容易做好行程的安排。

德國

法國

1.2.15 蘇黎士

3　4.5 琉森

利基山、皮拉圖斯山

瑞士 Switzerland

6　8 格林德瓦

茵特拉肯

7 少女峰

12 貝林佐那

13

9~11 羅卡諾

策馬特 14 盧加諾

琉森市區

腿要夠力 瑞士16日遊
攀登阿爾卑斯山名峰

Day 1&2

台灣→蘇黎士 Zurich 🏠

➡️ 從機場搭火車(約10分)→蘇黎士市區(Zurich HB)→行李放置旅館或火車站寄物櫃，市區參觀→班霍夫大道→林登霍夫→湖畔→舊城區

❗ 火車站前的班霍夫大道，是逛街血拼的好去處，湖畔步道及餐廳林立的舊城區也是非常有特色

Day 3

蘇黎士→琉森 Luzern 🏠

➡️ 從蘇黎士中央火車站(Zurich HB)搭火車(約50分)→琉森→舊城區

❗ 參觀歐洲最古老的人行木橋，接著前往舊城區，房屋外牆精美的壁畫值得仔細欣賞，最後前往獅子紀念碑及冰河公園。若是計畫血拼的民眾，可以前往位於湖畔的Bucherer採購

Day 4

琉森→利基山 Mt. Rigi

➡️ 從琉森火車站搭火車→Arth-Goldau換車→利基(Rigi Klum)(一日遊)

❗ 前往有「群山之后」的利基山，若是天氣晴朗及體力許可的話，不妨考慮在山區健行

利基山

瑞士南部度假勝地Ascona

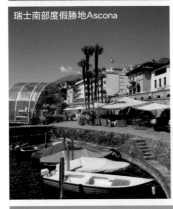

Day 5

琉森→皮拉圖斯山 Mt. Pilatus

➡️ 從琉森火車站搭火車(約10分)→
Hergiswil搭S-Bahn或IR列車(約7
分)→Alpnachstad搭齒輪火車(約30
分)→皮拉圖斯山搭懸吊式纜車→克林
恩斯(Kriens)(一日遊)

❗ 抵達Hergiswil可徒步參觀位於湖邊
的玻璃工廠(Glasi Hergiswil),之後
前往皮拉圖斯山頂,下山時改搭懸
吊式纜車回到克林恩斯,再搭巴士
回市區

Day 6

琉森→茵特拉肯 Interlaken 🏠

➡️ 從琉森火車站搭IR火車(約2小時)→
茵特拉肯東站

❗ 這一段的火車是黃金景觀列車路
線,持有Swiss Travel Pass的遊客
不需訂位即可上車,沿途中可欣賞
美妙的湖光山色,抵達目的地之後
在茵特拉肯市區參觀

Day 8 🚡

茵特拉肯→格林德瓦
Grindelwald

➡️ 從茵特拉肯東站搭火車(約30分)→
Grindelwald(一日遊)

❗ 格林德瓦有世界上最美麗的村莊之
稱,可以在火車站旁的巴士總站搭
巴士,前往上格林德瓦冰河(Oberer
Grindelwald Gletscher)及冰河峽谷
(Gletscher Schlucht)

Day 7 🚆

茵特拉肯→少女峰
Jungfraujoch

➡️ 從茵特拉肯東站搭火車→瀑布
鎮(Lauterbrunnen)換車→Kleine
Scheidegg換車→少女峰(總車程約2
小時20分)(一日遊)

❗ 在瀑布鎮換車時可順道在此參觀,
接著前往少女峰,體驗穿越冰河下
的少女峰鐵道。若是時間足夠,回
程途中可在Kleine Scheidegg下車健
行一小段

茵特拉肯和後方的少女峰山群

茵特拉肯是前往少女峰的門戶

Day 9

茵特拉肯→策馬特 Zermatt 🏠

➡ 從茵特拉肯東站搭火車→Spiez換車→Visp換車→策馬特(總車程約2小時15分)

❗ 到策馬特可先去旅館放行李，再前往市區、參觀防鼠舊屋，體驗山中小鎮的靜謐風情

Day 10

策馬特 🏠

➡ 從策馬特火車站前的纜車搭纜車(約40分)→葛內拉特→利菲爾湖Riffelsee→健行到Riffelberg→健行到Riffelalp→健行到策馬特(總健行時數約4～5小時)

❗ 前往3,100公尺高的葛內拉特景觀台，欣賞馬特洪峰及冰河的浩瀚美景。如果天氣不錯的話，也可以考慮健行

Day 11

策馬特 🏠

➡ 從桑內嘉(Sunnegga)地下纜車站搭纜車(約40分)→布勞赫德(Blauherd)→羅特洪峰(Rothorn)

❗ 搭纜車前往山頂的羅特洪峰天堂，再健行回策馬特市區(策馬特五湖健行步道+土撥鼠健行步道)

Day 12

策馬特→
貝林佐那Bellinzona 🏠

➡ 自策馬特搭火車→Brig換車→Göschenen→貝林佐那(全程約5小時15分)

❗ 自策馬特搭車前往瑞士南部的貝林佐那，會發現氣候上明顯的差異，陽光普照的瑞士南部立即擄獲所有旅人的心情，可以利用半天的時間參觀義式風味的市區及3座被列為世界遺產的城堡

Day 13

貝林佐那→羅卡諾 Locarno

➡ 從貝林佐那火車站搭火車→羅卡諾搭巴士→阿斯科那(Ascona) (總車程約40分)(一日遊)

❗ 參觀瑞士熱門的度假勝地，羅卡諾及阿斯科那。如果時間及預算足夠，不妨考慮搭纜車前往山上的Cardada，鳥瞰整個羅卡諾和湖畔的景觀

Day 14

貝林佐那→盧加諾 Lugano

➡ 從貝林佐那火車站搭火車(約30分)→盧加諾(Lugano)→Mendrisio火車站→Fox Town(約10分)(一日遊)

❗ 搭車前往瑞士南部的金融重鎮一盧加諾，時間足夠的情況，不妨搭纜車前往聖薩瓦多山(San Salvatore)，鳥瞰整個市區的美景。如果喜歡名牌商品的人，一定不能錯過歐洲最大的outlet——Fox Town，這裡有接近半價的名牌包包

Day 15&16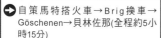

貝林佐那→蘇黎士→台灣

➡ 從貝林佐那搭ICN或EC火車(約2小時20分)→蘇黎士中央火車站轉車(約10分)→蘇黎士機場返台

❗ 搭車前往蘇黎士，準備搭飛機返回溫暖的家。如果是晚上的飛機，下午可以考慮在蘇黎士血拼逛街

北歐巡禮 丹麥・瑞典・芬蘭 14日遊

遊歷北歐三國奇幻童話

Day 1&2 ✈ 🛄

台灣→哥本哈根Copenhagen 🏠

➡ 從機場第三航廈搭火車(約15分)→哥本哈根市區(København Havn)→旅館放行李→市區觀光

❗ 造訪國王新廣場(Kongens Nytorv)附近的景點,包括地標性的新港(Nyhavn),再沿河岸散步到小美人魚(Den Lille Havfrue),最後在舊城區逛街

Day 3 🚶

哥本哈根 🏠

➡ 市區步行觀光

❗ 參觀玫瑰宮(Rosenborg Slot)之後,一路走到腓特列教堂(Frederiks Kirke),中午前抵達皇宮(Amalienborg)廣場欣賞衛兵交接的活動。下午造訪克里斯蒂安堡(Christiansborg Slot),傍晚前往歐洲最古老的提沃麗樂園(Tivoli Park)

Day 4 🛄

哥本哈根→歐登塞Odense

➡ 從哥本哈根中央車站(København Havn)搭火車(約1小時30分)→歐登塞(一日遊)

❗ 與安徒生相關的景點皆在市政廳周邊,包括安徒生故居、博物館及公園是本日參觀的重點

Day 5 🛄

哥本哈根→哥本哈根近郊:菲特烈堡Frederiksborg→克倫堡Kronborg

➡ 從哥本哈根中央車站(København Havn)搭火車(約40分)→Hillerød st→Helsingør st搭火車,需在Hellerup換車(約1小時5分)(一日遊)

❗ 造訪丹麥文藝復興建築菲特烈堡,以及莎士比亞名劇《哈姆雷特》故事發生地的克倫堡

赫爾辛基港口的市集

哥本哈根的皇宮衛兵交接

從克里斯蒂安堡眺望哥本哈根市區

哥本哈根的新港

芬蘭 Finland

10~13 赫爾辛基

挪威

瑞典 Sweden

8.9 斯德哥爾摩

愛沙尼亞

俄羅斯

波羅的海

6.7 哥特堡

拉脫維亞

北海

丹麥 Denmark

5 菲特烈堡

立陶宛

歐登塞

哥本哈根

4

1~3

德國

波蘭

(Day) 6 🚆

哥本哈根→哥特堡 Göteborg 🏠

➡️ 從哥本哈根中央車站(København Havn)搭火車→哥特堡(直達車約3小時38分)

❗ 早上搭火車前往瑞典的第二大城哥特堡，去旅館放行李後，留在市區參觀

(Day) 7 🚆 🚶

哥特堡 🏠

➡️ 市區參觀(步行+電車)

❗ 喜歡汽車的人，可以前往郊區參觀富豪汽車的博物館(Volvo Museum)，另外，利斯柏遊樂園(Liseberg)是適合親子同遊的景點

(Day) 8 🚆

哥特堡→斯德哥爾摩 Stockholm 🏠

➡️ 從哥特堡搭火車(直達車約3小時20分)→斯德哥爾摩中央車站(Stockholms Centralstation)

❗ 搭乘火車前往瑞典首都斯德哥爾摩，下午步行參觀皇宮所在的舊城區(Gamla Stan)，皇宮(Kungliga slotted)、騎士島教堂(Riddarholmskyrkan)、大廣場(Stortorget)、諾貝爾博物館(Nobelmuseet)等景點

(Day) 10 🚢

斯德哥爾摩→赫爾辛基 Helsinki 🏠

➡️ 下午從斯德哥爾摩港口出發→搭乘渡輪維京號(Viking Line)→赫爾辛基

❗ 搭乘過夜的渡輪前往芬蘭的赫爾辛基，途中可以欣賞美麗的波羅的海風光，隔天早上抵達赫爾辛基的港口

(Day) 11 🚶

赫爾辛基 🏠

➡️ 步行

❗ 步行到赫爾辛基大教堂(Helsingin tuomiokirkko)及附近的烏斯佩斯基大教堂(Uspenskin katedraali)，返回港口逛露天市集，在這裡用午餐，下午到Pohjoisesplanadi及Aleksanterinkatu這兩條街附近的商圈逛街

(Day) 9 🚆 🚶

斯德哥爾摩 🏠

➡️ 步行+地鐵

❗ 早上先去市政廳(Stockholms stadshus)，然後步行前往賽格爾廣場(Sergels torg)及周邊的商圈，並搭乘地鐵參觀具有藝術風格的地鐵站

📝 (Day) 13&14

赫爾辛基→台灣

➡️ 機場搭機

搭乘渡輪前往赫爾辛基的景觀

(Day) 12 🚆 🚶

赫爾辛基 🏠

➡️ 搭24號公車到Rajasaarentie站出→西貝流士公園→步行→岩石教堂→搭2、8號電車返回市區→碼頭→芬蘭堡

❗ 一早前往參觀西貝流士公園(Sibelius park)，接著造訪岩石教堂(Temppeliaukion kirkko)，下午搭乘渡輪造訪港口處的小島芬蘭堡(Suomenlinna)

斯德哥爾摩的舊城區

從市政廳高塔鳥瞰斯德哥爾摩的景觀

赫爾辛基大教堂

情人必遊 希臘小島 **10** 日遊

愛琴海浪漫之旅

愛琴海

希臘
Greece

7~9

1.2

雅典

3.4 米克諾斯島

5.6

聖多里尼島

愛奧尼亞海

浪漫又悠閒的氛圍

RANCO's BAR

希臘的聖多里尼島

Day **1&2**

台灣→雅典 Athens

➡ 從機場搭地鐵(約40分)→雅典市區
→旅館放行李→市區參觀

❗ 憲法廣場周邊景點市區觀光,坐纜
車上利卡維托斯山丘鳥瞰雅典市
區,天氣好時還可眺望到皮瑞斯的
海。若還有體力可留在山上看夜景

Day **3**

雅典→米克諾斯 Mykonos

➡ 從市區搭地鐵→Piraeus轉搭渡輪(約
2小時30分)→米克諾斯島

❗ 先到飯店放行李,在小島上悠閒地
觀光,傍晚至最著名地標卡托米利
(Kato Mili)的風車區看夕陽,再找間
餐廳享受海鮮大餐和浪漫的地中海
風情

雅典的衛城

來到希臘可以體驗悠閒的生活

希臘海灘

Day 4

米克諾斯 🏠

➡ 米克諾斯島海灘觀光

❗ 租輛機車是最方便的小島觀光方式，若是比較怕日曬的人也可以考慮租車，不過尖峰時段容易塞車。記得在台灣先換好國際駕照，不會騎車者可利用小島巴士，將島上的幾個著名海灘玩個夠

Day 5

米克諾斯→聖多里尼 Santorini 🏠

➡ 從米克諾斯搭渡輪(約2小時30分)→聖多里尼搭巴士(約20分)→市區小鎮費拉

❗ 放妥行李後，前往酒吧、餐廳及商店林立的費拉(Fira)小鎮閒逛，體會愛琴海的慢活情調

Day 6

聖多里尼 🏠

➡ 機車或巴士遊島

❗ 在藍與白的世界裡，盡情享受這獨有的景色，獨特的洞穴屋及驢子棧道更是不容錯過。中午過後，前往伊亞(Oia)參觀，準備在這裡迎接世界上最浪漫的夕陽景色

Day 9 & 10

雅典→機場→台灣

➡ 從市區搭地鐵(約40分)→雅典機場→台灣

❗ 前往普拉卡區展開最後血拼，搭下午班機轉機回溫暖的家

Day 8

雅典 🏠

➡ 市區參觀

❗ 雅典絕對不能錯過的古代遺址——衛城，值得花時間慢慢地逛，但要小心易滑的階梯，怕曬的人更別忘了勤擦防曬乳

Day 7

聖多里尼→雅典 🏠

➡ 從聖多里尼搭渡輪(約4小時30分)→雅典

❗ 早上在聖多里尼最後巡禮，跟藍與白的世界道再見，近中午時搭渡輪回雅典

行前準備篇
Travel Preparation

準備好安心出發

自助旅行有趣之處，就是在準備旅遊的過程，這段過程中使你不斷地累積經驗，從一名菜鳥變成老江湖。也許你會遇到難題及挫折，但隨著每次經驗的累積，總有一天你會成為行遍天下的背包高手呢！

最優的**出發時間**

何時來歐洲旅遊才是最佳的時機呢？其實歐洲的四季分明，每個季節各有千秋，不過良心的建議，我個人推薦4～9月之間，白天日照長，氣候又溫暖怡人，這段期間是欣賞歐洲明媚風光的最佳時刻。當然，倘若你不怕冷或是喜歡從事雪上活動，秋冬的歐洲也是別有番蕭瑟的風情。除了天氣的考量之外，很多人也會希望來歐洲時剛好遇上當地的節慶，這樣能在旅途中添增更多難忘的回憶。以下是幾項歐洲重要節慶資訊，提供給大家作為安排旅遊的參考。

奧地利的Innsbruck

♥ 這些活動別錯過

歐洲各國活動焦點

冬季折扣季	♥倫敦.巴黎.蘇黎士.米蘭 ♥12月底～1月底
嘉年華會	♥威尼斯.琉森.貝林佐那.尼斯 ♥2月～3月
夏季折扣季	♥倫敦.巴黎.蘇黎士.米蘭 ♥6月底～7月底
聖誕市集	♥史特拉斯堡.羅騰堡.紐倫堡 ♥11月底～聖誕節前夕

匈牙利春天慶典

♥布達佩斯 ♥3月底最後10天

荷蘭鬱金香花季

♥阿姆斯特丹 ♥4月～5月中

西班牙奔牛節

♥Pamplona ♥7月6～14日

西班牙番茄節

♥Buñol ♥8月最後一個週三

法國網球公開賽

♥巴黎 ♥5月底～6月初

法國亞維農戲劇節

♥亞維農 ♥7月初～8月初

法國薰衣草花季

♥南法 ♥7月初

英國愛丁堡國際藝術節

♥愛丁堡 ♥8月中開始

德國啤酒節

♥慕尼黑
♥每年9月的第三個週六～10月的第一個週日

瑞士洋蔥節

♥伯恩
♥每年11月的第四個週一

熱鬧的嘉年華會

出遊前的**準備工作**

自助旅行不比跟團，從買機票、安排行程、訂房間、買火車票券……樣樣都得自己來，再加上語文環境及人生地不熟等因素，出國自助旅行一定要做足準備才能安心上路，包括最重要的「住宿地點」及「交通安排」，否則身在異鄉卻求救無門的時候，那可就一點都不好玩了。

瑞士Cardada山區

住宿交通如何撿便宜

訂便宜機票

從廉價航空下手

廉價航空在歐洲盛行多年，這些航空公司的航點都僅限於歐洲城市之間，最遠也只飛到北非。不過，前往歐洲旅遊，最貴的就是從亞洲飛歐洲這一段機票，那要如何買到便宜的機票呢？在飛往歐洲的眾多航空公司當中，目前以中國籍的航空公司票價比較低，含稅經常可以下殺到2萬台幣以內，但是航空公司服務品質的好壞就見仁見智了。

除此之外，現今從台灣飛往歐洲最便宜的方案，就屬搭乘來自中東地區的航空，例如阿聯酋航空(Emirates)、卡達航空(Qatar airways)、阿提哈德航空(Etihad airways)等。在每年的航空公司評比中，這幾家航空公司都位居世界前10名，飛安或服務品質都不用擔心。唯一的缺點，在於冗長的轉機時間，有些乘客也許會覺得比較吃不消。若是你不在意以時間換取金錢，這些中東籍航空公司倒是理想的選擇。

阿聯酋航空首頁www.emirates.com

搜尋早鳥優惠票

在暑假旺季以外的時間，目前往返歐洲的票價約台幣3萬左右，如果你查到的機票低於這價位，就要趕緊下手買票了。正常來說，多數航空公司的機票是越早買越便宜，不過還是得視機上乘客多寡而定。航空公司制定票價的原則是「飛機越滿、機票越貴」。舉例而言，一架飛機有300個座位，前100個座位的票價是最便宜的A等級，當這100個座位都售出之後，票價就會往上調升到更高的B價位，以此類推。因此坐同一架飛機的旅客，大家所付的錢不會相同，越早購票，才有機會搶到越便宜的票價。可訂閱航空公司及各大旅行社的電子報，任何促銷活動都能立即接收，且現在來歐洲旅遊免簽證，就算臨時搶最後一刻的優惠票，也不用擔心來不及辦簽證的問題。

用一般航空搭配廉價航空

如果你想去的地方機票都很貴，也可以善用一般航空搭配廉價航空的方式，安排一趟便宜的旅程。例如，欲前往瑞士的日內瓦，可是從台灣沒有直飛日內瓦的班機，不妨考慮買一段台灣飛歐洲最便宜的航點(如直飛倫敦或巴黎)，再搭乘歐洲的廉價航空飛往日內瓦。需要注意的是，這種方法也許比較便宜，不過廉價航空公司並沒有和一般航空公司合作，乘客們要在轉機點自行領出行李，再辦理另一段航程的登機手續，轉機過程相對會麻煩許多。

教你看懂機票

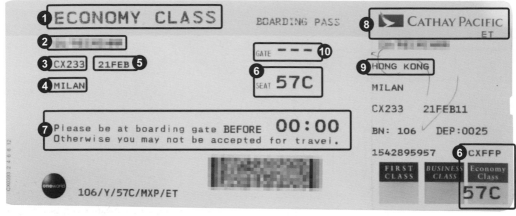

❶ 經濟艙　　❸ 航班編號　　❺ 搭機日期　　❼ 登機時間　　❾ 出發地
❷ 旅客姓名　　❹ 目的地　　　❻ 機上座位　　❽ 航空公司　　❿ 登機閘門

上網買機票，這些地方務必仔細察看：

稅款問題

為了要吸引民眾的注意，旅行社或是網路上所標示的機票價錢，很多是不含稅，也就是實際支付的金額還要加上機場稅及燃料稅，有的機場稅甚至比機票本身還貴。雖然稅款會因機場而異，不過通常會需要多個幾千元台幣甚至上萬元，所謂的優惠票價是否還是便宜，就得仔細地比較一下了。

艙等的陷阱

購買機票的時候，不論是自己訂票還是向旅行社買票，都會因票價的不同而買到不一樣的艙等。這裡所指的艙等，並不是指頭等艙、商務艙和經濟艙，而是經濟艙還會細分為Q艙、K艙、W艙……，這些只是航空公司自己的內部代號，乘客們不需要特地去研究沒關係。依

這些艙等的不同，會有不一樣的票價，越便宜的票也會有座位上的限制。有些航空公司的部分艙等，可能里程累積只有50%或完全沒有，需要累積飛行里程數的人要特別注意。

票期

機票的種類，還會依去程及回程的票期長短，分為數天、1個月、6個月的票及年票等等，通常1年效期的機票是最貴的。若是你旅遊的總天數是20天的話，那就買1個月的票就好了，否則年票會貴了好幾千塊台幣。機票還會細分可以免費更改日期與否，倘若你不確定自己是否會如期出發，那不如加一點費用購買能免費改期的機票，否則每改一次日期就會收取數千元台幣的手續費，非常地不划算。

行李的限制

正常的情況下，多數航空公司規定經濟艙的託運行李是23~30公斤，手提行李約7~8公斤左右。除非你遇到一板一眼的地勤人員，否則

多1、2公斤都是在許可的範圍之內。每一家航空公司關於行李的規定略微不同，一定要在購票時詳細閱讀條款說明。

退票

通常廉價的機票是不能退票的，雖然能夠將名字更換轉讓給其他人，不過手續費加一加，直接買另一張新的機票說不定還比較便宜。因此在購買廉價的機票前，一定要先確定出發的日期及乘客姓名，否則到時吃虧的是自己。

改期

一般航空公司較便宜艙等(T艙、V艙等)短天數票期的票無法改期，若非不得已要改期時，得另付好幾千元的費用，加起來的費用跟買年票差不多。因此在開票前務必確認日期。

買優惠車票

歐洲密集的鐵路網，儼然是往來歐洲各國之間最方便的交通方式之一。不過近年來在廉價航空的衝擊下，有時候搭火車不見得比搭飛機

便宜，那要怎麼樣才能找到便宜的火車票呢？上網預訂或是購買火車聯票！

歐洲主要國家都有各自的鐵路網，而且不定期會推出優惠票價，如點對點之間的「早鳥優惠」、「最後一刻優惠」、或是針對年青人的「青年優惠票」(各國詳細的火車票介紹，請參考P.113)。聰明地使用這些交通票券，絕對會比直接去車站臨櫃買票便宜，這樣就能省下一筆交通的開銷了。

找便宜住宿

歐洲各國的物價水準高，住宿費也相對地昂貴。要節省住宿的費用又不影響住宿的品質，慎選住宿的地方就得花點心思，只要是乾淨整潔又地點合適，都能列為考慮。歐洲各國的青年旅館及民宿，通常價錢合理又很乾淨，是最經濟實惠的選擇，價位會比星級旅館來得便宜些。如果想多花一點錢住星級旅館的遊客，各大訂房網站都會有不同的折扣，因此事先上網訂房絕對不會吃虧，否則直接去旅館入住的話，費用是貴得嚇人。

乾淨整潔是住宿的首要考量

近年來，興起了一種睡別人家沙發的旅遊方式，也就是所謂的「沙發衝浪」(Couch Surfing)。這原本是由一位美國年輕人所發起的活動，沒想到後來還成立了網站，讓世界各地的會員們互相交流，彼此免費接待來訪的旅人，除了能夠節省經費之外，最主要的目的就是藉此認識各國朋友及達到文化交流的意義。而且沙發衝浪並不一定是睡別人客廳裡的沙發，運氣好的話也能睡到舒適又溫馨的床鋪，不過當然還是偶爾會遇到怪怪的主人，因此睡到什麼人的家裡完全靠運氣。如果你膽子夠大、不害怕獨自住到陌生人的家裡，這也是一種省錢的旅遊方式。

沙發衝浪網站 www.couchsurfing.org/

辦好用證件

以下3種好用證件皆可在國際青年學生旅遊聯盟(STA Travel)辦理。

國際青年旅館卡(Y.H.A.)

國際青年旅館(Hostelling International)，是自助旅遊的非營利組織，在全球八十幾個國家提供了6千多家經濟實惠的住宿給出門在外的旅客，雖然青年旅館沒有星級飯店的豪華，但是歐洲的青年旅館都維持一定的水準，而且還有提供廚房及交誼廳，可以讓住客認識來自世界各地的旅人，也是令人難忘的體驗。來這裡住宿的人並沒有年齡上的限制，只要你申辦了青年旅館卡(簡稱YH卡)，就能以便宜的優惠價格入住。

資格：限中華民國公民或持有台灣居留證者才能辦理

申請所需文件：

❶ 申請表格

❷ 可證明為中華民國公民之證件正本或影本(如身分證、護照、戶口名簿或戶籍謄本等)

❸ 外籍人士請備妥台灣居留證正本或影本

費用：新台幣600元

網址：www.statravel.org.tw/iyhf/card.asp

國際學生證
International Student Identity Card

國際學生證是聯合國教科文組織(UNESCO)，唯一認可的世界國際通用學生證件。可享有：1. 24小時免費的全球緊急救援與協詢服務。2. 在台購買 STA 國際學生青年優惠機票。3. 國外船票、火車票、地鐵票、巴士票及租車優惠。4. 國外博物館、主題公園、及歷史文化場所門票的優惠。

資格：年滿12歲(含)之中華民國教育部公布認可學校在校學生，請攜帶學生證。研究學院、進修學部、學分班、推廣教育部、進修部、語言中心、先修班、非教育部公布認可之學校在校學生，如：基督書院、輔大神學院等在學學生，請攜帶學生證及全年授課達12週及每週達15小時的上課證明。或國內外入學通知單影本。

申請所需文件：

❶ 申請表格

❷ 2吋相片一張

❸ 學生證正反面影印本或國內外入學通知單影本

費用： 新台幣400元

網址： www.travel934.org.tw

國際教師證
International Teacher Identity Card

國際教師證是經由聯合國教科文組織認可的國際通用教師證件。在旅遊途中可享有參觀門票、購物、租車、住宿的折扣優惠。

資格： 國內外教育當局立案學校的全職教師(每週上課18小時以上)或出具聘書，以及任職於短期補習班的教師， 但必須出具補習班執照影本以及每週18小時的教學證明。

申請所需文件：

❶ 申請表格

❷ 2吋相片一張

❸ 教師證明資格(如聘書)

費用： 新台幣400元

網址： www.travel934.org.tw

好用的國際卡申辦處 國際青年學生旅遊聯盟

親辦地址

台北： 106台北市忠孝東路四段142號5樓504室 (捷運忠孝敦化站5號出口)

台中： 403台中市中港路一段185號7樓之2 (環宇實業大樓)

高雄： 80146高雄市前金區中華四路282號3樓

電話： 台北(02)8773-1333
台中(04)2322-7528
高雄(07)215-8999

時間： 週一～五09:00～17:30
週六、日及國定假日休息

郵寄辦理 (不克前往者可採此法)

❶ 郵寄掛號並附上以下文件，信封上請註明姓名及聯絡電話，寄至「康文文教基金會卡證申辦單位： 106 台北市忠孝東路四段 142 號 5 樓 504 室」，使用匯票者，抬頭請填寫「財團法人康文文教基金會」，申請費無法以郵票替代

❷ 到www.travel934.org.tw/iytc/iytc.aspx填寫申請表格，並列印出來

❸ 身分證正反面影本

❹ 2吋照片一張

❺ 43元回郵信封(郵票+信封)

❻ 申請費用新台幣400元(請以郵局現金袋或匯票方式掛號，勿使用平信方式寄送，如遺失不負任何責任)

❼ 工作天數7天，會以掛號的方式將辦好的卡證寄回

證件有效期限

國際學生證(ISIC)及國際教師證(ITIC)效期為每年9月到隔年12月。於每年8月31日前辦卡，有效期至當年12月31日止；於每年9月1日起辦卡，有效期至翌年12月31日止。青年旅館卡(Y.H.A.)效期為1年，自發卡日那天算起，一年內有效。

※資料時有異動請以官網發布資訊為準

精準抓預算玩得不心慌

不管你是家財萬貫的大地主,還是身無分文的窮學生,要來高消費的歐洲地區旅遊,準備一筆旅遊基金是出發前最基本的要件。那該準備多少金錢才算妥當?錢永遠都不嫌多,當然是越多越好啦!不過一趟旅行究竟該抓多少預算呢?要看你旅遊的國家及地點來決定,畢竟像挪威、瑞士這種高物價的國家,旅行的開銷會比東歐國家來得高出許多。

要準備多少現金

出門旅遊要換多少現金才夠用呢?即使再安全的國家,錢財還是盡量不要露白,兌換太多現金只會增加失竊的風險,我覺得差不多準備旅程預估費用一半的現金帶在身上就已經足夠;其餘的部分則可以用信用卡、提款卡、旅行支票的方式來搭配。畢竟歐洲大多數的商店都能接受信用卡,像旅館的住宿費、購買名牌精品等高額度的支出,用信用卡付款會來得比較方便。

除此之外,雖然歐洲多數國家已經使用歐元,不過還是有許多國家依舊擁有自己的貨幣,如英國的英鎊、瑞士的法郎、挪威的克朗等,因此出門前一定要先做好功課,確定旅途中需要使用哪幾種貨幣。不管你是前往哪一個國家旅行,若是想兌換他國的貨幣,最好還是在台灣的銀行兌換,並不是每一家外國銀行都可以使用新台幣兌換。

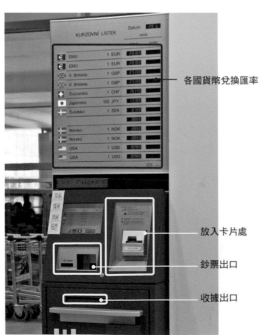

各國貨幣兌換匯率

放入卡片處

鈔票出口

收據出口

機場內兌換貨幣的機器

各國貨幣兌換匯率

可使用現金或信用卡、金融卡兌換

歐洲街上經常可以看見兌換貨幣的小店家

塑膠貨幣不能少

塑膠貨幣指的是信用卡和提款卡。不管是哪一家銀行的提款卡，只要卡片背面印有「國際聯合提款標誌」(Plus或是Cirrus)，就能在國外的提款機直接提領當地的貨幣。要注意的是，一定要事先在國內設定好海外提款的密碼，這是一組4碼的密碼，跟台灣提款機12碼的密碼不一樣。依我個人的經驗，直接這樣提款的匯率都還算不錯，絕對比在機場兌換好多了(通常機場的匯率是最差的)。

一般的提款卡也可在國外領錢

注意金融卡背面是否印有Plus或Cirrus標誌

至於信用卡的話，不管是Master卡還是Visa卡都能在歐洲通用。除此之外，歐洲入住旅館時經常會要求旅客出示信用卡作為保證(或是現金)，所以隨身帶張信用卡在身邊比較方便，也可以當做以防萬一的準備。不管是跨國提款還是信用卡消費，銀行都會收取一些手續費，跟在機場兌換現金的手續費相較下，其實不會比較差的。

教你評估旅遊預算

以下5項的加總，大約就是要準備出遊的預算，提供給大家參考。

❶ 來回機票(約新台幣3～4萬)
❷ 每日估計的住宿費用×天數
❸ 交通費用
❹ 每日花費(3餐及景點的門票)×天數
❺ 額外的預備金

 舉例

關於旅費如何估算，不妨參考麥當勞的套餐價位，就可約略知道各國物價水平，瑞士一份套餐是12瑞郎多(約新台幣400元)、法國及義大利是6歐元多(約新台幣270元)、捷克是105克朗(約新台幣175元)。

整體消費來說，瑞士和挪威是物價指數最高的國家，約台灣的3倍左右，法國等西歐國家約是台灣的2倍，捷克等東歐國家(如波蘭、匈牙利等)，幾乎只比台灣貴一點點，甚至是差不多。

我用瑞士、法國及義大利、捷克製作比較表(P.94)，費用皆用2週做計算，僅供大家參考。

玩歐洲14日遊各國預算比較

*匯率時有更動，資訊僅供參考。

項目 ＼ 國家	瑞士	法國、義大利	捷克
交通費 (機票+火車票)	約53,000NT (來回機票+15天的Swiss Travel Pass)	約50,000NT (來回機票+當地火車票)	約45,000NT (來回機票+當地火車票)
住宿(民宿)	約20,000NT (每人每晚約40～50瑞士法郎)	約18,000NT (每人每晚約25～35歐元)	約14,000NT (每人每晚約520～780克朗)
普通餐廳 (飲料+午晚兩餐)	約13,200NT (一般餐廳用餐約30瑞士法郎，搭配泡麵及偶爾去超市買熟食，一天約估35瑞士法郎)	約12,000NT (一般餐廳用餐約15歐元，搭配泡麵及偶爾去超市買食物，一天約估25歐元)	約10,000NT (一般餐廳用餐320克朗，搭配泡麵及偶爾去超市買熟食，一天約估520克朗)
門票及雜項	約20,000NT (Swiss Travel Pass已包括許多博物館及門票，不過許多登山纜車要額外付費)	約15,000NT (博物館及門票各人需求不同，請依自己的喜好估算)	約15,000NT (博物館及門票各人需求不同，請依自己的喜好估算)
額外的預備金	約10,000NT (紀念品或禮物等)	約10,000NT (紀念品或禮物等)	約10,000NT (紀念品或禮物等)
總計消費(單人)	約116,200NT	約105,000NT	約94,000NT

製表／蘇瑞銘(Ricky)

當然，上述的預算會因物價及匯率的波動而異，僅供大家參考用，實際花費還得視每個人的消費習慣。要注意的一點，歐洲地區很多地方的雙人房價錢只比單人房貴一些，因此，找家人朋友結伴同行，平均下來會比單獨一個人旅遊更能節省經費。

歐洲國家走透透一覽表

　　目前，持有台灣護照的旅客不需要辦理簽證，就能前往下表所列出的歐洲國家(包括申根及非申根)短期觀光。除了英國可以停留180天之外，在其餘的申根國家區，6個月內最長能停留90天，非申根國家的天數分別獨立計算。

申根公約國	歐盟會員國	所屬國家	附註
V	V	法國、德國、西班牙、葡萄牙、奧地利、荷蘭、比利時、盧森堡、丹麥、芬蘭、瑞典、斯洛伐克、斯洛維尼亞、波蘭、捷克、匈牙利、希臘、義大利、馬爾他、愛沙尼亞、拉脫維亞、立陶宛	
X	V	英國、愛爾蘭、羅馬尼亞、保加利亞、賽普勒斯、克羅埃西亞	保加利亞、羅馬尼亞、賽普勒斯3國因尚未成為申根公約完全會員國，因此國人在此3國之停留天數應個別分開計算，且均不與在其他32個國家(地區)之停留天數合計
V	X	冰島、挪威、瑞士	
X	X	黑山共和國、阿爾巴尼亞、科索沃、波士尼亞	自2016年3月起，台灣護照的旅客進入黑山共和國不再需要線上辦理通報手續
V(公約國之自治領地)	X	格陵蘭島與法羅群島(丹麥屬地)	
X(但接受台灣護照持有者免申根簽證待遇入境)	X	列支敦斯登、梵蒂岡、摩納哥、聖馬利諾、安道爾公國	

製表／蘇瑞銘(Ricky)

買保險保平安和心安

　　雖然目前開放台灣護照持有者免簽證前往歐洲短期旅遊，不過畢竟在多數的歐洲國家看醫生都非常昂貴，所以強烈建議遊客們投保「申根地區旅遊醫療保險」。這保險是經過申根地區國家認可過，保險證明是英文版，投保金額以當日匯率換算成歐元計價。並且附有台灣及歐洲各地SOS聯絡電話。在許多產物保險公司或是機場都可購買。

　　除此之外，在通過海關的時候，大家最好也準備回程機票、旅遊計畫書、住宿證明及一份財力證明(例如英文版的存款證明、信用卡)，萬一海關詢問的話，比較有個依據。最重要的一點，務必確認海關的工作人員在護照上蓋「入境章」，以此作為合法入境歐洲國家的證明，否則會被當作非法入境。另外也得注意離境申根國後，護照最少仍有3個月的效期。

歐洲旅遊趨勢

治安問題

這幾年歐洲接連發生了恐怖攻擊事件，再加上數以萬計的難民湧入歐洲，讓有些人對於來歐洲旅遊存有安全上的疑慮。事實上，並非全歐洲都壟罩在危機的陰影下，像瑞士、奧地利、東歐都是恐怖攻擊風險比較低的地區，其他國家的鄉下地方也頗為安全。如果計畫來歐洲旅遊，不妨考慮以這些國家及非大都會的郊區為優先選項。

鄉下地區比較不會成為恐怖攻擊的目標

開車進出申根國家之間的海關，還是會被抽查證件的機會

海關問題

歐洲國家幾乎都屬於申根地區，搭飛機往來申根國家之間都沒有海關檢查，增加了許多便利性。不過由於難民及恐怖攻擊問題，部分國家最近都加強邊境及機場的安檢，因此進出歐洲各國的邊境，護照等證件還是得隨身攜帶，在搭機前也最好多預留一些時間。

廉價交通

廉價航空已經在歐洲盛行多年，各國之間便利的公路和鐵路網串聯，不論是搭飛機、火車還是巴士，往來歐洲各國之間的廉價交通費用，實現了大家暢遊諸國的夢想。幾乎所有的交通方式，都會在幾個月前推出早鳥優惠票，因此盡早把行程安排妥當，越有機會搶到低廉的票價。

新興景點

近年來，東歐及巴爾幹半島的國家陸續開放台灣護照免簽證的待遇。這些地區不但物價比較便宜，治安也還算安全，因此成為新興的旅遊景點；包括波蘭、克羅埃西亞、羅馬尼亞、保加利亞、波士尼亞、黑山共和國等國，都是值得一遊的新興地區。

波蘭的克拉科夫(Kraków)

波士尼亞的莫斯塔爾(Mos

找資料做功課不能懶

參考旅遊書籍

實用的旅遊參考書，將是完成一趟旅行事半功倍的好幫手。藉由旅遊書的介紹，你便知道自己喜歡什麼地方、該去哪些景點、要如何安排旅遊的路線等等。因此決定旅遊的地點之後，花點時間去書局找相關的旅遊書，不論是景點介紹的工具書還是介紹當地人文特色的遊記，都能幫助你更認識那個國家。最重要的一點，旅遊工具書都會提供國家及城市的詳細地圖，因此工具書不僅是準備旅遊的良師，更是旅途中得心應手的益友。

也許你會覺得出門旅遊帶書太重了，當然不需要把所有的書都搬出國。通常遊記類的書，適合在家裡閱讀，至於實用性高的工具書，因為附有詳細的地圖及景點介紹，建議可以選兩本帶出國，畢竟每一本旅遊書所介紹的內容不會完全一樣，這樣比較不會遺漏任何景點。

上網找資料

出國自助旅遊不比跟團，因此事先的工作一定要充分地準備，也就是要做足功課，出門時才能以不變應萬變。在當今網路發達的年代，許多資訊都能從網路上獲取，尤其是個人的部落格、遊記、論壇等等，提供了五花八門的旅遊心得。藉由讀他人的遊記，你會對於即將前往的國家有進一步的瞭解，並參考旅途中可能發生的許多情況、或是找到當地美味可口的餐廳，都能為自己的行程添加豐富的色彩。

關於歐洲國家的旅遊資訊，「背包客棧」及「歐洲自助旅遊充電站」這兩個論壇，有非常詳細的資訊及經驗分享，如果在做功課之後還有歐洲各國旅遊的疑難雜症，可以在論壇上勇敢發問，很多有經驗的前輩會熱心的回覆。論

自助遊好用網站

背包客棧 http www.backpackers.com.tw/forum

歐洲自助旅遊充電站 http www.eurotravel.idv.tw/forum.php

壇上還有前輩們的部落格連結，也可前往汲取經驗，更可以在部落格留言，格主通常也都會熱心回覆。將各種經驗整理成文件，出國時帶在身上以備不時之需。

善用各類旅遊資源

前往歐洲各國旅遊，不管你是要參觀博物館、音樂會等文藝性質的活動，還是單純市區觀光，記得要好好地利用不同種類的門票及票券，有些還得事先預約才能訂到，因此我建議大家一定要事先做好功課，再上網查詢相關的資料，這樣絕對可以達到事半功倍的效果。

博物館&美術館

幾乎所有的博物館都當場買票入場即可，熱門的博物館通常要大排長龍，門票也不便宜。計畫參觀博物館的話，當天最好比平常早一點出門，可以避開擁擠的人潮。某些博物館會定期推出優惠，像巴黎的羅浮宮於每月的第一個週日是開放免費參觀，如果你剛好行程能配合，這樣也能省下一筆小錢。有的城市會推出旅遊卡，這種卡包括了當地的交通及博物館門票，對於喜歡參觀博物館或是展覽的遊客，不妨考慮買這種票券，應該會很划算。

歐洲知名的藝術殿堂

法國 羅浮宮
www.louvre.fr

巴黎的羅浮宮被譽為世界3大博物館之一，博物館大樓本身是建於13世紀的建築，再加上後來的整修，呈現美輪美奐的宮殿景觀。館藏如《蒙娜麗莎的微笑》、米羅的《維納斯》都是非看不可的作品。每月的第一個週日提供免費參觀。

倫敦的博物館

羅浮宮

英國 大英博物館
www.britishmuseum.org

　　位在倫敦的大英博物館是世界上最早開放的博物館，收藏了來自世界各地的珍貴文物，是絕對不能錯過的博物館。

義大利 烏菲茲美術館
www.weekendafirenze.com

　　位於佛羅倫斯的烏菲茲美術館，擁有許多文藝復興時期的館藏作品，包括達芬奇、米開朗基羅等頂尖大師的代表作，在這裡可盡情地欣賞文藝復興時期的璀璨藝術，也可事先電話或是網路預約購票。

荷蘭 國家博物館
www.rijksmuseum.nl

　　位在阿姆斯特丹，規模雖然不比其他國家的博物館，不過算是荷蘭相當重要的文化資產之一，以收藏荷蘭的畫家作品著稱。鎮館之寶《夜巡》是不能錯過的作品。

奧地利 藝術史美術館
www.khm.at

　　維也納這間美術館展覽了奧地利哈布斯堡家族歷年來的收藏為主，大家可以在此一窺奧地利歷年來的藝術精髓。《草原的聖母》、《吉普塞的聖母》是非看不可的重點。

西班牙 普拉多美術館
www.museodelprado.es

　　位於西班牙首都馬德里的普拉多美術館，收藏豐富的西班牙畫作及中世紀以來歐洲傑出的藝術作品《三美神》、《瑪格麗特公主》，都是值得仔細欣賞的畫作。

羅馬 梵蒂岡博物館
www.museivaticani.va/content/museivaticani/en.html/

　　坐落於羅馬的梵蒂岡博物館，是由梵蒂岡宮殿的建築群所組成，至於館內的收藏是歷年來教宗的廣泛收藏，不乏各式各樣精美的珍品。每個月的最後一個週日免費參觀。

瑞士 蘇黎士市立美術館
www.kunsthaus.ch

　　坐落在蘇黎士中心的市立美術館，成立於西元1787年，是瑞士知名的博物館之一，目前館內收藏許多19～20世紀的近代作品，包括莫內、畢卡索及許多瑞士本土的藝術家，而且館方還會不定期舉辦各種展覽。除此之外，也提供專業的中文導覽解說專員服務，讓華語遊客更能瞭解每件作品的故事，前往瑞士一遊不能錯過。

佛羅倫斯的烏菲茲美術館

音樂會&歌劇

充滿文藝氣息的歐洲，當然少不了音樂會或是歌劇等活動，幾乎在每個城市，都會不定期舉辦這類的表演，其實也不太需要太早預訂，通常到該地之後再預訂即可。以音樂之都維也納為例，街上便有很多招覽觀光客前去聽音樂會的工作人員，不論你是想聽古典的交響樂，還是想看一齣扣人心弦的歌劇，只要在街上向那些工作人員索取目錄，就能立即獲得相關的訊息及價位，有時候還能殺到好的價錢。若是在其他的城市，也可以前往當地的旅遊中心，會有最新的活動資訊提供給遊客。

維也納街頭招攬觀光客去聽音樂會的工作人員

想看什麼樣的表演，直接在當地買票即可

旅遊中心&城市旅遊卡

沒做功課的話，不妨考慮雇用當地的導遊

近年來，歐洲的各大城市相繼推出「城市旅遊卡」，這是一種結合當地的大眾交通、博物館及旅遊景點的聯票，持有者可以免費入場參觀或是享有折扣，通常在各城市的旅遊中心都有販售。有24小時、36小時、72小時、甚至為期一週的票券，對於待越久的觀光客越划算。不過這種票券要視個人的需求而定，並不是每位旅客都適合使用，如果你對於參觀博物館或是展覽類的行程沒有興趣，那買這種券可能就會浪費了。

很多人也許會因為太忙碌，沒事先做好功課就出發前往一個陌生的城市旅遊，抵達當地之後又不知道從哪裡開始玩起，這時候該怎麼辦呢？首先，向旅館櫃檯的服務人員詢問相關的旅遊資訊，並索取一份當地的地圖，這樣至少就有概念去最主要的景點。其次，找到該地的旅遊中心，裡面絕對有鉅細靡遺的旅遊資料，若是你想雇用導遊帶你參觀，旅遊中心也都可以代為安排，從騎腳踏車的城市導覽到徒步的觀光解說，可視你的喜好來挑選。

準備行李的訣竅

出門旅遊該如何打包行李呢？尤其是歐洲那麼遙遠的地方，行李更難準備吧！其實一趟歐洲之旅，每個人大概準備一件手提行李加上一件託運行李，這樣就差不多達到航空公司的行李託運重量上限了，除非你是計畫前往歐洲留學居住，否則以短期觀光的人，並不需要準備太多的衣物。

手提行李的限制

手提行李只能為登機箱或是後背包之一

手提行李大小約50cmX35cmX25cm，依航空公司而異。一般手提行李允許的重量大約7～8公斤，是全程跟在自己身邊的行李，因此「比較重要及容易破損的物品」最好要放在手提行李裡面。此外，隨身準備1～2天份的換洗衣物，萬一遇到行李沒跟上的狀況，至少可以應急。依照規定，大瓶裝的液體容器是強制託運，不過女性朋友自然少不了瓶瓶罐罐的保養品，必須購買100ml以內的小瓶罐裝，而且瓶罐上要有標示多少容量，並放入標示1公升內的透明夾鍊袋，這樣就能隨身攜帶上機。

至於旅遊相關資料(旅遊保險、機票、護照、住宿證明等)、相機、現金、信用卡、筆記型電腦、應急藥物這些「最重要的財物」，要放在隨身的小包包比較安全。筆記型電腦或隨身的小包包，通常是不算一件行李。當然，若是你的包包太大，或是塞滿了其他衣物，是有可能被航空公司的地勤人員要求託運。

液體及乳液類的物品要少於100ml才能帶上飛機

託運行李的限制

託運行李無尺寸的上限規定，依大多數航空公司的規定，每個人託運行李的總重量為20公斤(不限件數)，若是兩人一起旅遊，有些航空公司是分開計算個人行李。可是有一點要特別注意，不管你行李箱的大小為何，每件託運行李的最高上限重量是32公斤。

通常超過1～2公斤的情況，地勤人員都會默默地讓你通過；萬一行李超重太多的話，則需要依每公斤重的費用來罰錢。每家航空公司的超重罰款費率不一樣，大多數都是以公斤計算；國泰每公斤的超重費為60美元、新航則為50美元，英航超過23公斤但在32公斤以內的情況，費用為40歐元。其他各家航空公司的詳細行李超重費率，要詢問地勤櫃檯才會知道確切的費用，因此奉勸大家千萬不要超重，否則只有將行李內的東西拿出來，或是乖乖地付罰金2種選擇。

至於哪些東西需要放在託運的行李呢？基本上，絕大部分的衣物都會放進託運的大行李裡面。至於無法放進手提行李之物品，例如：指甲剪、水果刀、帶有蓄電池的設備、噴霧髮膠、定型液、香水、裝有液體類的容器、體育類的器具等都必須要託運，否則經過安檢的時候會被沒收。

簡易行李打包實作

自助旅行的一切事物得靠自己打理，而行李算是旅行中最大且必要的負擔，如何讓這個負擔減到最輕，了解一些方法與技巧，可省時省力不少！為了節省空間，把所有的衣服、褲子、裙子一件件摺整齊，先將怕皺的長褲平鋪在行李最底層(不怕皺的可省略此步驟)，然後沿著行李箱周邊先排鞋子，接著內衣褲及襪子捲成軸狀塞在邊緣，中間部分則排入較怕皺的。最後再把垂掛在外的長褲部分覆蓋在最上面。接著在上方再擺入化妝包等其他用品。這樣至少可以比傳統平鋪法多出一倍以上的空間。

行李打包示範

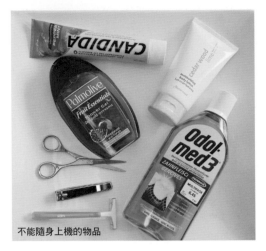

不能隨身上機的物品

行李攜帶的建議參考：

❶ 託運行李箱一個，箱重越輕越好，手提行李可以選擇後背型的背包，也可以考慮攜帶一個隱藏旅行腰包。

❷ 行李箱的結構要很牢固，歐洲街道很多石板路，輪子一定要選寬大的，最好是有6個輪子的，可同時直向及橫向拖動，拖起來才會穩定輕鬆。當然一分錢一分貨，購買有品牌的行李箱通常比較耐用。

❸ 行李箱要有備用的皮箱鎖和皮帶，可以減低被偷竊的風險。

❹ 千萬不要帶太多件厚重及粗針毛衣或大衣，輕薄又保暖的純羊毛或兔毛背心，在歐洲溫差變化大的旅途中占重要角色，而且又比較不占空間。在歐洲的冬天室內及交通工具裡都有暖氣，故穿一件厚外套比較方便穿脫。

❺ 隨身至少需帶一件輕薄短小又能禦寒的衣物，如薄夾克或長袖棉外套，放在手提行李，因為飛機上的空調常冷的讓人受不了，或天氣忽然變化，就可派上用場。

❻ 重要財物及易碎物品盡量手提，不要放入託運行李中，以免遭受到機場工作人員偷竊或是遺失的風險。

❼ 需吃固定藥品的慢性病患者，在攜帶藥品時，應避免是粉劑，以免被誤認為違禁品。若無法避免的話，則要隨身攜帶英文版藥品說明書。

禁止攜帶的違禁品

由於歐洲多數的國家目前已經是歐盟的會員國，因此禁止攜帶進入歐洲的東西基本上是大同小異。以下的物品便是明文規定嚴禁攜帶，如果不幸被海關查到，輕則是被沒收，最嚴重的情況會遭受罰款。

來自歐盟地區以外的肉製品及乳製品

歐洲國家嚴禁攜帶肉製品及乳製品，主要是為了防範境內的肉品遭受外來的疾病污染，因此肉鬆及肉乾都屬於不能攜帶的肉類食物。至於附有大肉塊的泡麵，屬於邊緣地帶的範圍。若是真的想要帶泡麵的話，最好購買包裝上沒有肉塊圖樣的泡麵，就算被海關查到，也不會有關係。

麻醉劑、毒品類

不論前往哪一個國家，攜帶毒品類的東西一定都會遭受到嚴重的刑責，我想一般民眾應該也不會挾帶毒品出國觀光。

盜版的光碟及書籍

盜版的光碟及書籍，因會侵犯專利權及著作權，通常海關查到的話會將這類物品沒收，甚至罰款。除此之外，仿冒的皮包也不要攜帶，歐洲某些國家有明文規定，禁止購買仿冒的皮包及服飾。

軍火彈藥

正常的觀光客，應該是不會攜帶軍火或是彈藥等攻擊性武器出門旅遊，不過炮燭、槍形打火機等有爆裂危險性的東西，也不要攜帶。

必須申報的物品

有出國經驗的民眾應該都知道，在出入任何國家的時候，都會有分為需要申報及不需要申報的兩條通道，通常攜帶太多現金、香菸或是酒精類的物品，旅客就必須要主動申報，否則海關有權力將多出來的部分沒收。依照規定，進入歐洲國家可以攜帶現金的額度是1萬美元，香菸約200支、酒精約2公升、香水約50～60ml。每個國家規定的額度略有不同，正確的數量可上各國的海關網站查詢。

如果沒有物品要申報，直接走綠色的通道

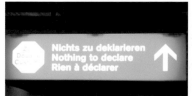

綠色是免申報標誌

紅色是需要申報的標誌

不能不知的**退稅**

只要你不是當地的居民或是擁有該國的居留證，前往貼有「Tax Free」標誌的店家消費，單日單筆消費的金額達一定額度，便可以享有退稅的服務。不過每個國家的退稅比例及規定的消費額度不同，建議大家在購物之前最好跟店家確認。在旅客離境之前，海關也許會抽查退稅的商品，因此要將退稅的物品放在手提行李內，而且商品在離境前不能拆封使用。

退稅申報 Step by Step

Tax Free的標誌

行
前
準
備
篇

不
能
不
知
的
退
稅

Step 1 填寫退稅單

在同一家商店買東西達到退稅的額度時，便可以向店家索取退稅單，通常店員都知道該如何處理。你只需要出示護照等證件，詳細地填寫表格，包括護照上的姓名、信用卡資料、國內的英文地址，退稅單的文件就算齊全了。拿到退稅單之後，在離境之前最重要的一件事，就是將單子交給該國的海關蓋章。

退稅的方式有退現金及退回信用卡2種，雖然退現金可以直接拿到錢，不過還是得將退稅單拿去海關蓋章，才算是完成退稅的手續。萬一你沒有把退稅單拿給海關蓋章寄回，將會有嚴重的罰款。因此我建議選擇退到信用卡比較保險，只是大約需要3個月的工作時間。即使是付現金購物的旅客，同樣可以退到任何一張指定的信用卡。

購物達到一定的金額，便可索取退稅單

退稅單會附上詳細的退稅流程說明

Step 2 機場報到

抵達航空公司的櫃檯辦理登機手續後，最好將要退稅的商品放在手提行李裡面，比較方便海關檢查。若是放在託運行李的話，需要向地勤人員說明，他們便不會將行李送上輸運帶，而會掛上牌子之後退還給你。在辦理好退稅手續之後，你還是得將行李拉回來託運。因此最簡便的方法，就是將這些要退稅的東西放進手提行李內。

找到海關櫃檯，將退稅單拿去蓋章

Step 3 海關蓋章

填完退稅單、給海關蓋章後，可以直接去櫃檯退現金

　　由於大多數的旅客會搭乘飛機離開，所以會在機場辦理退稅的手續。首先，你要找到機場的海關櫃檯，並出示護照、收據、退稅單辦理退稅。有時候海關有權力要求出示退稅的商品，確認無誤後才會在退稅單上蓋章。如果海關櫃檯有輸送行李的機制，他們接著會把行李收走去託運。若沒有的話，你要自行拿回航空公司的服務櫃檯。

　　若是要退現金的話，接著就要找機場內「Tax Refund」的標示牌，通常會在兌換現金的櫃檯附近，萬一真的找不到，那就詢問機場的工作人員。如果你是選擇退到信用卡，給海關蓋完章後直接投任何一退稅郵筒即可。

退稅辦理 Q & A

Q1　我要在機場辦理退稅，需要多早去機場呢？

A：每個機場辦事的效率不一樣，而且通常很多人需要退稅。為避免因為退稅櫃檯大排長龍，而耽誤登機的時間，請務必至少提早1～2小時到機場。

Q2　瑞士為非歐盟國，在其他國家買的東西，可以一起在瑞士的機場辦理退稅嗎？

A：依照規定，在歐盟國購買的商品，在離開歐盟國之前退稅即可。舉例來說，有人從法國搭火車一路玩到義大利然後進瑞士，最後從瑞士搭飛機離開。像這種情況，法國和義大利都是歐盟國，退稅的手續必須在離開義大利時就完成。也就是說，當你搭火車從義大利進入瑞士時，要在邊境下車給海關蓋章，否則到了瑞士的機場，只會有瑞士的海關，並不會有歐盟國家的海關替你蓋章。

Q3　我的行程會由德國柏林飛到法國巴黎轉機，然後飛回台灣。這樣我應該是在柏林的機場退稅呢？還是在巴黎？

A：如果你要退稅的商品是放進託運行李內，那在德國搭飛機前就要辦理退稅手續了，否則行李就一路回台灣。若是要退稅的東西是拿在手邊，在兩地都能辦理退稅，不過你要考慮到轉機時間的長短，所以最好在搭飛機的起點就退完稅，這樣會比較安心。

Q4　我的飛機是半夜起飛，海關有開到這麼晚嗎？

A：如前面所說的，要辦理退稅的乘客，一定要提早到機場辦理。每一國海關的辦公時間不一樣，效率也不同。

不能不知的退稅

時差、電壓和其他重要資訊

歐洲各國的時差、電壓與插座、貨幣一覽表

國家	電壓	插頭型式(下圖)	貨幣	時差
義大利(Italy)	220～230V	E & N	歐元(EUR)	-7(4～10月則為-6)
奧地利(Austria)	220V	E、F & G	歐元(EUR)	-7(4～10月則為-6)
捷克(Czech Rep.)	220V	E、F & G	捷克克郎(CZK)	-7(4～10月則為-6)
波蘭(Poland)	220V	E、F & G	茲羅提(PLN)	-7(4～10月則為-6)
匈牙利(Hungary)	220V	F & G	福林(HUF)	-7(4～10月則為-6)
希臘(Greece)	220V	E、F & G	歐元(EUR)	-6(4～10月則為-5)
比利時(Belgium)	220V	E、F & G	歐元(EUR)	-7(4～10月則為-6)
荷蘭(Netherlands)	220V	E、F & G	歐元(EUR)	-7(4～10月則為-6)
盧森堡(Luxembourg)	220V	E、F & G	歐元(EUR)	-7(4～10月則為-6)
英國(United Kingdom)	220～240V	I	英鎊(GBP)	-8(4～10月則為-7)
愛爾蘭(Ireland)	220～240V	I	歐元(EUR)	-8(4～10月則為-7)
法國(France)	220V	E、F & G	歐元(EUR)	-7(4～10月則為-6)
瑞士(Switzerland)	220～224V	E & M	瑞士法郎(CHF)	-7(4～10月則為-6)
西班牙(Spain)	220V	E、F & G	歐元(EUR)	-7(4～10月則為-6)
葡萄牙(Portugal)	220V	E、F & G	歐元(EUR)	-8(4～10月則為-7)
德國(Germany)	220V	E、F & G	歐元(EUR)	-7(4～10月則為-6)
挪威(Norway)	220V	E、F & G	挪威克朗(NOK)	-7(4～10月則為-6)
芬蘭(Finland)	220V	E、F & G	歐元(EUR)	-6(4～10月則為-5)
丹麥(Denmark)	220V	E、F、G & O	丹麥克朗(DKK)	-7(4～10月則為-6)
瑞典(Sweden)	220V	E、F & G	瑞典克朗(SEK)	-7(4～10月則為-6)
拉脫維亞(Latvia)	220～240V	E & F	歐元(EUR)	-6(4～10月則為-5)
斯洛伐克(Slovak Rep.)	220V	E、F & G	歐元(EUR)	-7(4～10月則為-6)

製表／鄭明佳

插頭型式圖示對照表

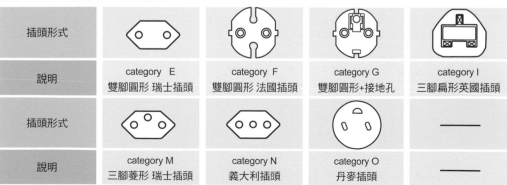

插頭形式				
說明	category E 雙腳圓形 瑞士插頭	category F 雙腳圓形 法國插頭	category G 雙腳圓形+接地孔	category I 三腳扁形英國插頭
插頭形式				
說明	category M 三腳菱形 瑞士插頭	category N 義大利插頭	category O 丹麥插頭	——

交通篇
Transportation

選對比選便宜重要

選擇正確的交通工具，絕對比價錢便宜來得重要，尤其歐洲國家眾多，
往來各國之間的交通工具不盡相同，有些國家搭火車就能走透透了，有
些國家還要搭渡輪才能抵達目的地。

如何選對**交通工具**

除了冰島、馬爾他、塞浦路斯等幾個島嶼國家之外，連繫歐洲大陸各國之間
有多種的交通方式任你選擇，距離近的可以坐火車或乘巴士，遠一點的可以
搭飛機；不論是搭飛機、乘火車還是自行開車，終究能順利地抵
達最終的目的地。每一種交通工具的花費及時間不盡相同，既然
有這麼多元化的交通途徑，那究竟該選擇哪種交通工具才是最適
合自己呢？

里加的運河公園

選耗時少的

目前往來歐洲各城市之間，搭飛機應該是最熱門也是最普遍的旅遊方式，尤其現在廉價航空公司盛行，搭飛機可說是既省時又省錢，每個人都有能力搭飛機在歐洲旅遊。但並不是往來每個城市之間都非得搭飛機不可，通常火車的車程超過5～6小時以上的距離，這時才考慮是否以飛機來連繫兩地，否則光是搭火車就白白浪費一天的旅遊時間了。

雖然乍看之下，搭飛機似乎比搭火車來得省時，不過你千萬別忘記，搭飛機不能只光算飛行的時間，還要把兩地市區前往機場的交通、以及提早到機場候機的時間，統統加起來，這樣才是搭飛機所耗費的總時數。目前，歐洲的許多城市之間有高速火車串連，而且火車站離市區的距離比機場近多了，因此搭火車並不見得比搭飛機慢。

舉例來說，從瑞士蘇黎士到義大利米蘭搭火車只需要3.5小時，而且點對點之間是直接抵達市中心；搭乘飛機往來這兩地約1小時的飛行時間，若再加上候機、出關及機場到市區的時間，這樣算一算也要花上3個多小時，這樣算起來搭飛機和搭火車的時間其實是相去不遠。像這種情況下，就看是火車票便宜還是機票便宜，來決定要搭乘哪種交通工具。

選最划算的

倘若搭飛機和搭火車的時間差不多，那麼就視價錢的高低來決定。現在是廉價航空盛行的年代，搭飛機和搭火車的價位真是有得拼，因此多多比價、上網搜尋，都能找到便宜的交通方式。千萬不能忘記一個原則，越早確定行程、越早買票，才會有較多的機會買到便宜的機票或是火車票。

租車會不會好一些？這得看情況了，像某些歐洲國家(如法國、義大利)的高速公路需要過過路費，而且費用又不便宜，開車玩一趟下來，租車費、停車費、油錢和過路費加一加也是一筆不小的開銷。如果你們是4個朋友互相分攤費用，那也許還能考慮開車的方式，否則搭乘大眾交通工具是比較輕鬆又省錢的玩法。

選便利性高的

當然，如果你不在乎金錢上的問題，那就以便利性為優先的考量。很多人的傳統觀念裡，到歐美國家旅遊要自己開車才方便，其實這是錯誤的想法。大多數歐洲國家的鐵路網都很密集，偏遠的鄉村小鎮也會有火車或是公車抵達，即使不開車也能順利前往每個目的地。歐洲的大城市裡幾乎都設有路面電車、地鐵等交通工具，開車進入大城市只會自找麻煩，因此計畫開車遊歐洲，盡量把車子停在市郊再進入市區。

雖然開車的機動性高，可是還要再考量體力上的問題。當你是一個人自助旅遊時，或是同行的伴侶中只有一位會開車的人，那麼開車的人將會很累，這時不妨考慮部分行程以火車來搭配，並不需要全程開車。不過一些少數的特殊地方，自行開車反而比較容易參觀，例如克羅埃西亞因為國內的公共交通不便利，租車旅遊就是理想的選擇；或是到希臘的小島度假，租摩托車或四輪ATV便是當地很熱門的一種交通方式。不管你選擇那種交通方式，「便利性」一定要列入考慮的重點。

鐵路遊 **搭火車**

歐洲各國的鐵路網密集，鐵路設施又完善。除了四通八達的普通火車之外，目前還有多條高速鐵路營運，還持續不斷地在擴建當中。因此搭火車絕對是旅遊歐洲最理想的交通方式。或許你會擔心語言能力不好，看不懂標示而不知道如何搭車，這點不用太擔心，只要做好準備功課，搭火車其實很簡單。

瑞士擁有完善的鐵道系統

先學會查詢兩城之間的班次

首先,你要先學會如何查詢城市對城市之間的火車班次,包括跨國列車,這樣除了可以幫助你安排行程之外,也對交通的時間及預算有個概念。

千萬不要只看地圖,就安排火車路線,因為有些城市在地圖上的直線距離雖然看起來很近,並不代表這就是火車行駛的路線。如果你只前往單一國家旅行,

搭火車遊歐洲,是非常便利的旅遊方式

那使用該國的鐵路網站查詢即可,若是跨國的火車,選擇其中任何一國的鐵路網也能查到相關的班次,然後再比較從哪一個網站買票比較便宜。通常各國的鐵路網會不定期推出早鳥優惠的車票,所以行程確定後就趕緊下手吧!

若你自認是懶惰的人,不妨考慮購買各國的火車通行證(Pass),有單一國家和多國的選擇,如此一來就不需要再擔心車票的問題了。持有火車通行證的遊客,第一次使用前,要去火車站櫃檯或是找車掌進行開票的動作,然後確實填寫使用的日期,否則視同逃票。

計畫前往多個國家旅行的話,還可以買歐洲多國的鐵路聯票。不過並非購買火車聯票就一定划算。舉例來說,即使你已經有義大利的火車票券,可是搭乘快車還是需要付一筆訂位費,這樣算起來的花費會更多,還是需要看旅遊的地點來決定。建議大家將通行證的總價除以旅行的天數,這樣就能約略知道平均一天的

交通費用,再來計算是否需要購買通行證。(通常買的天數越長,每天平均下來的費用越便宜)

台灣有許多旅行社販售歐洲火車通行證,有時候還推出以二等艙的價格升等到頭等艙的促銷優惠,如果擔心自己的語言能力不好,可以考慮在台灣直接向旅行社洽詢。附帶一提,火車通行證並非只能在歐洲境外購買,如果你不是歐洲國家的居民,或是持有歐洲地區6個月以上的居留證,都可以攜帶護照到當地的火車站購買火車通行證。

代買歐洲鐵路票券的旅行社

1. 飛達旅遊　http www.gobytrain.com.tw
2. 易遊網　http www.eztravel.com.tw
3. 玉山票務　http m.ysticket.com
4. 東南旅行社　http www.settour.com.tw

歐洲主要國鐵路網站操作

瑞士 www.sbb.ch

瑞士火車票很貴，建議使用Swiss Travel Pass或半價卡，可在台灣旅行社及瑞士各火車站的售票窗口購買。

瑞士鐵路網提供線上時刻表查詢系統，包括火車、公車、渡輪、電車等各種交通工具，甚至直接輸入地址就能找到相關的交通方式，非常便利。其他歐洲國家的火車資訊，也能利用此系統查詢，但是僅限購買瑞士境內或是由瑞士發車的車票，如果要買其他國的車票，需前往該國的國鐵官網購買。

由於單買瑞士的火車票價格很貴，所以建議購買瑞士通行證(Swiss Travel Pass)或是其他種類的票券，既省錢又省去買車票的麻煩，只要再利用鐵路網站查詢班車時間，就能輕鬆搞定瑞士的交通問題囉！

瑞士鐵路網站操作 Step by Step

網站操作解說，請特別注意，網站一開始顯示的票價為最低的優惠價，而非實際的票價，要進行到步驟5才會看到正確的價位

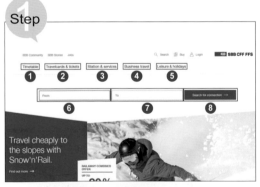

Step 1

1 列車時刻：查詢火車延誤、路線、施工等最新時刻表
2 各種票券：購買半價卡、Swiss Travel Pass、Supersaver Tickets、日票等各類車票，若購買Swiss Travel Pass，在Tickets for Switzerland那一欄拉到最下面，點選International Guests就會看到
3 車站服務：列出各火車站的服務項目，包括寄物櫃資訊、列車介紹、租借單車、託運行李等，都能找到相關資訊
4 商務旅遊：主要針對商務人士的搭車資訊
5 休閒度假：提供最新優惠資訊、Swiss Travel Pass的票券資料，以及從瑞士前往鄰國的車票資訊
6 輸入出發地
7 輸入目的地
8 開始搜尋

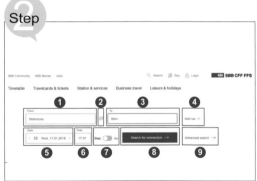

Step 2

1 輸入出發地：不只地名，也可直接輸入地址，系統會將最接近的車站列出來
2 點此互換查詢出發地和目的地的班次
3 輸入目的地
4 輸入經過的地點：系統會自動列出最快&最直接的路線班次，當查詢不到要找的路線時，可在這裡輸入列車經過的地名
5 選擇日期
6 設定時間，這樣可以查詢比較接近的班次
7 搜尋發車的班次或是到站的班次
8 開始搜尋
9 進階搜尋選項

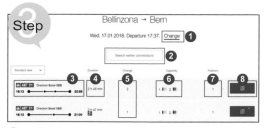

❶ 更改搜尋的項目(如地點)
❷ 搜尋更早的班次
❸ 列車時間,點此可至下個步驟查看更詳細的資訊
❹ 總車程時間
❺ 換車次數,建議選擇換車次數較少的班次
❻ 預估乘客多寡,若顯示3個小紅人表示該班車很滿
❼ 搭車月台,但有時候月台會臨時變動,搭車前要在車站做最後確認
❽ 點此訂票

❶ 不想登記成為會員,直接點此即可
❷ 已經註冊成為會員,點此登入

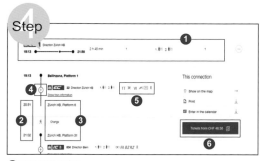

❶ 列車的簡要資訊
❷ 抵達及換車的時間
❸ 抵達及換車的月台
❹ 點此查看該列車中途的停靠站
❺ 列車資訊,包括是否需要預約、餐車服務、能否攜帶腳踏車等
❻ 起跳票價,請注意這不是最終票價,因為還要看乘客持有哪種優惠券(如半價卡),點此可繼續購票動作

❶ 輸入E-mail,這欄請務必確實填寫,因為系統會把電子車票直接寄到E-mail信箱,搭車前自行把車票列印下來即可(也可以直接秀手機的QR Code)
❷ 若有折扣代碼,在此輸入
❸ 勾選信用卡的種類
❹ 結帳前進行最後確認

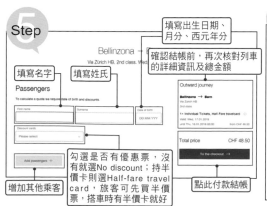

填寫名字
填寫姓氏
填寫出生日期、月分、西元年分
確認結帳前,再次核對列車的詳細資訊及總金額
勾選是否有優惠票,沒有就選No discount;持半價卡則選Half-fare travel card,旅客可先買半價票,搭車時有半價卡就好
增加其他乘客
點此付款結帳

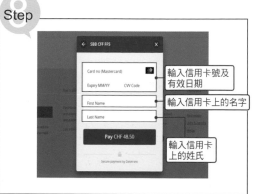

輸入信用卡號及有效日期
輸入信用卡上的名字
輸入信用卡上的姓氏

法國 www.voyages-sncf.com
> 建議上網買票，使用國鐵券不見得比較便宜。

　　法國的國鐵公司是SNCF，往來巴黎及各大城市之間有賴高速鐵路(TGV)來串連，最高時速可達3百多公里。通常法國國鐵網路上會推出Prem's優惠車票，比在火車站直接購買便宜，越早買票越便宜。至於往來短程的小城市之間，直接搭乘區域性的火車TER即可。如果你是26歲以下或是60歲以上，就能享有75折的優惠票價，非常划算。

　　要特別注意的一點，法國巴黎分為北站(Gare du Nord)、東站(Gare de l'Est)、里昂車站(Gare de Lyon)、奧斯特利茲(Gare d'Austerlitz)、蒙帕那斯(Gare Montparnasse)、及聖拉薩(Gare St-Lazare)等6個車站，分別開往不同的目的地，因此在搭火車之前要再次確認。

法國鐵路 網站操作 Step by Step

網站操作解說，若只需查詢時間、換車資訊和票價等僅需至步驟3，從第4步驟開始購票

Step 1

特殊服務選項(如團體或殘障協助)

選取語言，可更換成英語或德語
訂票，點進去後會跳到下個頁面
列車時刻查詢&最新的交通狀況更新
查詢車站資訊

Step 2

輸入出發地
輸入目的地
選擇搭車的時間
選擇出發的日期
選擇艙等
選擇回程的時間
點此增加第二位乘客
勾選乘客資訊
開始查詢

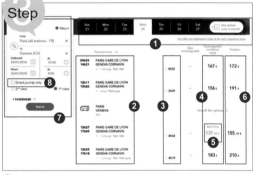

Step 3

❶ 查詢相近日期的車票
❷ 當天所有的班車資訊
❸ 車程時間
❹ 此欄的票價比較便宜，但是出發前更改車票需付30 €的手續費，列車出發後則無法退票
❺ 最便宜的票價，會顯示不同的顏色
❻ 可免費退票或是改期的彈性票，需在列車出發後的2小時內，於發車的車站辦理(或是1小時內打電話辦理)
❼ 若要更改查詢的項目，直接在這裡操作即可
❽ 勾選之後，系統只會秀出直達車的班次

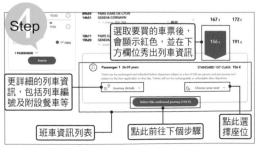

Step 4

選取要買的車票後，會顯示紅色，並在下欄位秀出列車資訊
更詳細的列車資訊，包括列車編號及附設餐車等
班車資訊列表
點此前往下個步驟
點此選擇座位

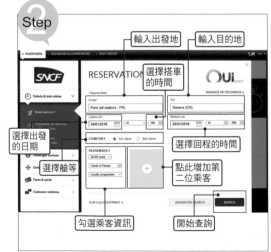

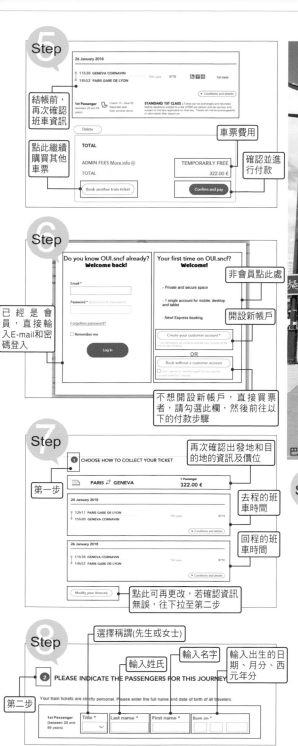

Step 5

26 January 2018

11h38 GENEVA CORNAVIN
14h52 PARIS GARE DE LYON   TGV Lyria   9776   1st class

1st Passenger   Coach 13 - Seat 02   STANDARD 1ST CLASS : Ticket can be exchanged and refunded
(between 26 and 59   Separate seat   before departure subject to a fee of €30 per person and your journey and
years)   Solo window alone   subject to the fare applicable on that day. Tickets will not be exchangeable
or refundable after departure.

結帳前，再次確認班車資訊

Delete

點此繼續購買其他車票

TOTAL

車票費用

ADMIN FEES More info ⊕

TOTAL   TEMPORARILY FREE
322.00 €

確認並進行付款

Book another train ticket   Confirm and pay

Step 6

Do you know OUI.sncf already?
Welcome back!

Email *

已經是會員，直接輸入E-mail和密碼登入

Password (minimum 8 characters)

Forgotten password?

☐ Remember me

Log in

Your first time on OUI.sncf?
Welcome!

- Private and secure space
- 1 single account for mobile, desktop and tablet
- New! Express booking

非會員點此處

開設新帳戶

Create your customer account *

OR

Book without a customer account

不想開設新帳戶，直接買票者，請勾選此欄，然後前往以下的付款步驟

Step 7

① CHOOSE HOW TO COLLECT YOUR TICKET

第一步

PARIS ⇄ GENEVA   1 Passenger
322.00 €

再次確認出發地和目的地的資訊及價位

24 January 2018

12h11 PARIS GARE DE LYON
15h20 GENEVA CORNAVIN   TGV Lyria   9773

去程的班車時間

26 January 2018

11h38 GENEVA CORNAVIN
14h52 PARIS GARE DE LYON   TGV Lyria   9776

回程的班車時間

Modify your itinerary   點此可再更改，若確認資訊無誤，往下拉至第二步

Step 8

選擇稱謂(先生或女士)

輸入姓氏   輸入名字   輸入出生的日期、月分、西元年分

② PLEASE INDICATE THE PASSENGERS FOR THIS JOURNEY

第二步

Your train tickets are strictly personal. Please enter the full name and date of birth of all travelers.

1st Passenger   Title *   Last name *   First name *   Born on *
(between 26 and
59 years)

巴黎

Step 9

③ ENTER YOUR SURNAME, FIRST NAME AND E-MAIL ADDRESS

Check the fields entered before validating. Your file references will be sent by e-mail. You can then use them to collect or print your tickets.

② Title *   ⑥ e-mail *

③ Surname *   ⑦ Confirm your email *

④ First name *   Reception Format *
● HTML ○ Text   More info ⊕

⑤ Telephone

* obligatory fields

⑧ ☐ By ticking this box, I acknowledge having read the SNCF Conditions of sale, as well as the General Conditions of Sale and of Use of the OUI.sncf site and I accept them.

Confirm and pay   ⑨

❶ 第三步   ❻ 輸入E-mail
❷ 選擇稱謂   ❼ 再次確認E-mail
❸ 輸入姓氏   ❽ 勾選同意條款
❹ 輸入名字   ❾ 確認並付款
❺ 輸入聯絡電話(非必要)

英國 www.nationalrail.co.uk

建議先查詢好所需行程，若能買到優惠票，視其票價總合計，跟國鐵券比較後，再決定買何種票券。

英國鐵路四通八達，開放民營後分屬20幾家鐵路公司經營。National Rail Enquiry為官方認可的入口網站，在此可查到全英國所有路線的火車票價，按下購票按鈕便會自動將連結指向經營的鐵路公司網站，開始進行購票。

票價主要分為3種：

❶ **Anytime**：當天任何時間都可搭乘。

❷ **Off-peak**：當天非尖峰時間都可搭乘。

❸ **Advance**：搭乘日12週前開始開放搶購之限量優惠票，限定當日當班次搭乘。

舉 例

以倫敦到牛津單程為例：Anytime：32.6英鎊，Off-peak：26.5英鎊，Advance：最低僅需要8.5英鎊。若能提早規畫旅程，上網搶購，即能省下可觀的交通費，可能比使用國鐵券更便宜。

英國鐵路 網站操作 Step by Step

若只需查詢時間、換車資訊和票價等僅需至步驟2，從步驟3開始購票

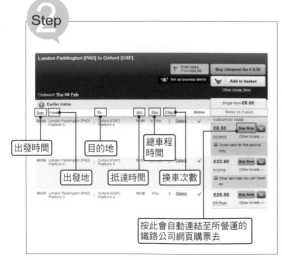

Step 1

❶ 輸入出發地
❷ 輸入目的地
❸ 選擇時間為出發(Leaving)、抵達(Arriving)、頭班(First train)、末班(Last train)
❹ 選擇日期
❺ 選擇時間

❻ 同時購買回程請勾選，並選擇日期和時間
❼ 乘客人數若超過1人或有折扣卡，請按此設定
❽ 開始搜尋

Step 2

出發時間
目的地
總車程時間
出發地
抵達時間
換車次數

按此會自動連結至所營運的鐵路公司網頁購票去

Step 3

此班車是連結到Great Western Railway(GWR)網站

確認行程無誤，按此到下一步

交通篇

鐵路遊 搭火車

Step 4

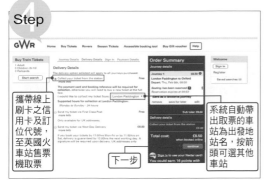

攜帶線上刷卡之信用卡及訂位代號,至英國火車站售票機取票

下一步

系統自動帶出取票的車站為出發地站名,按箭頭可選其他車站

Step 5 (已加入過會員者可省略此步驟)

首次購票請註冊會員

填妥以上資料並勾選此欄

註冊

按此繼續下一步

Step 6

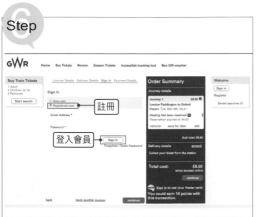

註冊

登入會員

Step 7

按此繼續下一步

Step 8

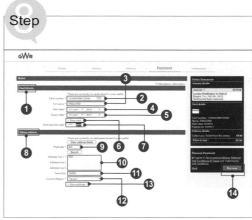

❶ 信用卡資料

❷ 信用卡號

❸ 信用卡上的英文姓名

❹ 信用卡的生效年月

❺ 信用卡的到期年月

❻ 勾選此欄即可儲存信用卡資料,下次不用再填寫

❼ 信用卡背面的三碼

❽ 帳單地址

❾ 郵遞區號

❿ 地址共有三欄可供填寫

⓫ 城市

⓬ 國名

⓭ 勾選此欄即可儲存地址資料,下次不用再填寫

⓮ 下一步

德國 www.bahn.com

國人最愛的羅曼蒂克大道全部位於拜揚邦(Bayern)，就很適合使用邦票。

德國國鐵簡稱DB，不但幅員廣大，票券也非常複雜，買國鐵票不一定划算，這裡介紹國人較常用到的邦票、週末票及早鳥票。

邦票(Länder-Tickets)

德國共分為16個邦，邦票顧名思義僅能在同一邦內移動，當日不限次數搭乘。國人最愛的羅曼蒂克大道全部位於拜揚邦(Bayern)，很適合使用拜揚邦票(Bayern-Ticket)。二等艙單人票25歐元，每多1人加6歐元，最多可5人共用。週一～週五使用時間為09:00～隔日凌晨03:00，星期六、日和國定假日則為00:00～隔日凌晨03:00。各邦邦票價格不同，請在出發前上官網確認。

週末票(Schönes Wochenende Ticket)

二等艙44歐元，每多一人加6歐元，最多可5人共用。週六日或國定假日使用，時間為00:00～隔日凌晨03:00。當日不限次數搭乘，全德跑透透。適合跨邦及長距離移動。

限量早鳥票(Savings Fares)

除了邦票和週末票外，德國鐵路網站另外還開放180天內的早鳥票，可以比較看看何者較為便宜再購買。但早鳥票限當日當班次使用，較適合行程已經很確定的人。

使用邦票或週末票，務必搞懂

家庭出遊者

0～5歲兒童免費搭乘。2位成人乘客(父母或祖父母)，其中一人可帶6～14歲孩子或孫子免費搭乘(不限人數)。超過2位成人使用邦票的情況下，則6～14歲兒童也須計入邦票使用人數。

建議至車站自動售票機購買

以上價格皆指在售票機或官網購買，至櫃檯購買需多付 2 歐元。兩者都需要指定日期。官網購買時需輸入全部乘客的姓名且無法修改，建議抵達德國後在車站自動售票機購買，使用前簽上全名即可。在前一天購買，比較不會手忙腳亂。

限定車種搭乘

邦票和週末票都只限慢車(IRE／RE／RB／S-Bahn)，部分邦票有包含城市內之大眾交通，例如慕尼黑、富森等。

德國DB 網站操作 Step by Step

若只需查詢時間、換車資訊和票價等僅需至步驟4，步驟5開始購票

Step 1

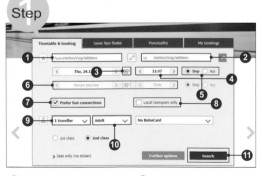

❶ 輸入出發地
❷ 輸入目的地
❸ 輸入出發日期
❹ 選擇時間
❺ 勾選Dep(出發)或Arr(抵達)
❻ 若要同時搜尋回程，如上選擇日期與時間
❼ 搜尋快車
❽ 搜尋慢車(如邦票或VRN都只能慢車)
❾ 人數
❿ 大人或小孩
⓫ 開始搜尋

交通篇

鐵路遊 搭火車

Step 2

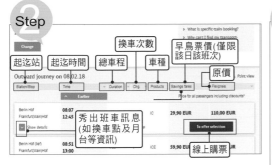

- 換車次數
- 早鳥票價(僅限該日該班次)
- 起迄站
- 起迄時間
- 總車程
- 車種
- 原價
- 秀出班車訊息(如換車點及月台等資訊)
- 線上購票

Step 3

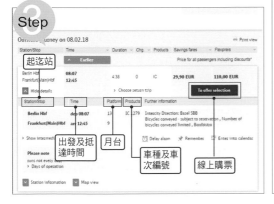

- 起迄站
- 出發及抵達時間
- 月台
- 車種及車次編號
- 線上購票

Step 4

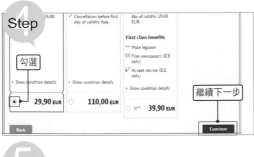

- 勾選
- 繼續下一步

Step 5

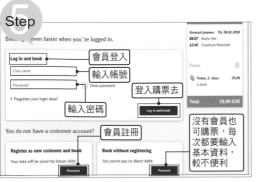

- 會員登入
- 輸入帳號
- 登入購票去
- 輸入密碼
- 會員註冊
- 沒有會員也可購票,每次都要輸入基本資料,較不便利

Step 6 (已加入過會員者可省略此步驟)

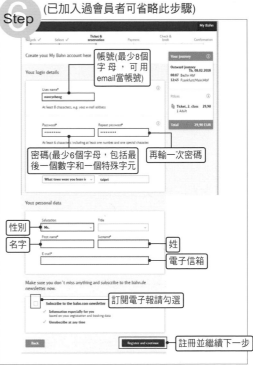

- 帳號(最少8個字母,可用email當帳號)
- 密碼(最少6個字母,包括最後一個數字和一個特殊字元)
- 再輸入一次密碼
- 性別
- 名字
- 姓
- 電子信箱
- 訂閱電子報請勾選
- 註冊並繼續下一步

Step 7

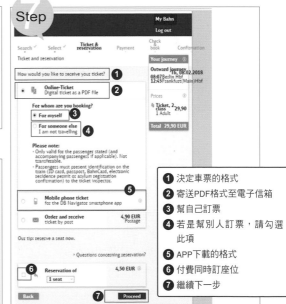

- ❶ 決定車票的格式
- ❷ 寄送PDF格式至電子信箱
- ❸ 幫自己訂票
- ❹ 若是幫別人訂票,請勾選此項
- ❺ APP下載的格式
- ❻ 付費同時訂座位
- ❼ 繼續下一步

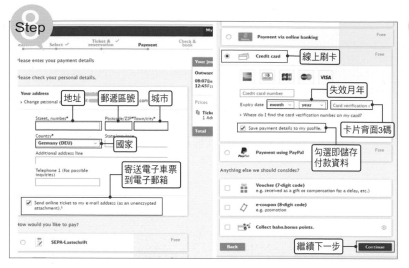

Step 8

Please enter your payment details
Please check your personal details.

Your address
› Change personal...

地址 → Street, number*
郵遞區號 → Postcode/ZIP*Town/city*
城市

Country*
Germany (DEU) State/region
國家

Additional address line

Telephone 1 (for possible inquiries)

寄送電子車票到電子郵箱 → ☑ Send online ticket to my e-mail address (as an unencrypted attachment).²

How would you like to pay?

○ SEPA-Lastschrift Free

○ Payment via online banking Free

◉ 🖃 Credit card Free ← 線上刷卡

Credit card number
失效月年
Expiry date month ▾ year ▾ Card verification ...
› Where do I find the card verification number on my card?
卡片背面3碼
☑ Save payment details to my profile.

○ PayPal Payment using PayPal Free ← 勾選即儲存付款資料

Anything else we should consider?

☐ ⬚⬚ Voucher (7-digit code)
e.g. received as a gift or compensation for a delay, etc.)

☐ ✎ e-coupon (8-digit code)
e.g. promotion

☐ Collect bahn.bonus points.

Back Continue ← 繼續下一步

Step 9

完成後，系統會自動發送確認信及電子車票至電子信箱，直接將電子車票印出，搭車時攜帶電子車票及護照以備查驗。使用APP票券者，記得確認有下載德鐵APP(DB Navigator)。

> **德國VRN 網站操作 Step by Step**
>
> 一樣使用DB官網查時間，購票方式也相同

Step 1

Booking & Timetable Services Trains

Heidelberg Hbf → Würzburg Hbf Dep: 08:00
1 adult, 2nd class

Change

Frequent Questions
› What is specific train booking?
› Why can't I find my transportation ticket on bahn.de?

此班次為VRN票價

按此查詢VRN票價 →

Outward journey on 10.01.18

Station/Stop	Time	Duration	Chg	Products
Heidelberg Hbf Würzburg Hbf	08:55 11:21	2:26	1, RE	Ultra Fare
Heidelberg Hbf Würzburg Hbf	09:20 12:21			38.80 EUR

此班次為一般票價

Step 2

依搭乘人數購買 →
單人單程票價 →

Offers of VRN

Available offers	Validity	Condition / Exchange / refund	Price

---

單人日票(類似邦票概念) 18,50 EUR

兩人日票(兒女或孫子女14歲以下免費，小孩人數不限制) 22,30 EUR

三人日票(兒女或孫子女14歲以下免費，小孩人數不限制) 24,10 EUR

VRN(Verkehrsverbund Rhein-Neckar)是運行於萊茵至內喀爾地區的一種區域型低速運輸系統。雖說是低速，但實際上並不會慢到那裡去，甚至有時還比普通火車快，可是價格卻差很大。若在VRN行駛範圍內之城市移動，建議買VRN的車票，可省下不少交通費。另有類似邦票概念的日票，多人使用的話買日票較划算，最多5人。

> **舉例**
>
> 以國人最常去的2個城市，海德堡和伍茲堡作為範例。在DB網站查到資訊如下：

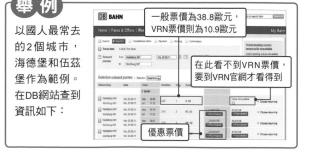

一般票價為38.8歐元，VRN票價則為10.9歐元

在此看不到VRN票價，要到VRN官網才看得到

優惠票價

義大利 www.trenitalia.com

> 建議大城市之間的快車要上網買票，慢車則不需要事先購買。

　　義大利的快車都需要訂位，通常購買車票的時候已經包括訂位費和座位了，若你是使用火車通行證，那麼在搭乘快車前要先去火車站進行訂位的動作(並付訂位費)，否則火車上補訂位費的價錢比較貴，也不一定會有座位。要提醒大家一點，義大利某些城市的火車站售票櫃檯，它會分成跨國車票和國內車票兩邊不同的櫃檯，因此在排隊購票的時候務必查看清楚，不然會浪費許多寶貴的時間。

其他各國的鐵路網站

愛爾蘭鐵路 http www.irishrail.ie

丹麥鐵路 http www.dsb.dk

捷克鐵路 http www.cd.cz

瑞典鐵路 http www.sj.se

奧地利鐵路 http www.oebb.at

匈牙利鐵路 http www.mav.hu

挪威鐵路 http www.nsb.no

西班牙鐵路 http www.renfe.es

比利時鐵路 http www.b-rail.be

芬蘭鐵路 http www.vr.fi

荷蘭鐵路 http www.ns.nl

飛達旅遊 http www.gobytrain.com.tw

如何購買火車票

在了解如何查詢歐洲各國的鐵路交通系統之後，接下來就是要如何買車票。如果你是計畫買通行證(Pass)的旅客，那麼只需要去火車站進行開票的手續，就能準備搭車了。不過要注意的一點，通常高速火車、景觀列車及跨國的火車是需要訂位，因此即使你已經有通行證了，上火車前還是要先去火車站的櫃檯做訂位的動作，否則在火車上補訂位會比較貴，也會沒有座位可坐。

沒有通行證你可以這樣購票

向櫃檯購買

除非是偏僻地區的小站，否則一般火車站都會設有服務人員的售票櫃檯。想要去櫃檯買票，首先你要有基本的英文交談能力，這樣比較容易和售票員溝通，若是擔心自己的英文程度不好，那就將要搭乘的火車班次及時間寫在紙上遞給售票員，這樣更不會出錯。若是你有任何關於火車班次的疑問，也可以順便詢問他們，都能獲得需要的訊息。要提醒大家一點，售票櫃檯通常會有不少乘客排隊買票(尤其是大城市)，因此務必要提早前往車站買票，否則會影響到搭車的時間。

各大火車站都設有自動售票機

用機器購買

歐洲各大火車站都設有自動售票機，萬一趕時間又遇到售票櫃檯大排長龍的情況下，自己去機器買票應該會快很多。一般來說，售票機器同時會有英文的使用介面，在操作上並不會太困難，除了可以用紙鈔及硬幣付款之外，大多數也接受信用卡，對於遊客們是很便利的購票方式。

上網路購買

多數國家的火車票都能從該國的鐵路網直接

櫃檯買票可以順便詢問火車的資訊

購票，而且網路上會不定時推出折扣票價。在

網路上買票時,一定要留下正確的乘車資訊,包括旅客的姓名、聯絡方式、搭車的班次及時間,否則這種網路票是無法退票的。網路上購票的好處是有機會買到比較便宜的車票,不過缺點就是無法改期也不能退票,所以要確定行程之後才購買。

火車站搭車 Step by Step

在歐洲各國搭火車其實都大同小異,即使你不會講當地的語言,只需要掌握幾項搭車的要訣,自己搭火車一點都不困難。

Step 1 買好車票

如果你沒有購買火車通行證(Pass)的話,那麼搭火車前就得先買車票。歐洲各國的火車票使用方式略有不同,有的需要打票,有的買完票直接上車就可以了。雖然在歐洲搭火車不會有剪票的月台,可是千萬不要抱有逃票的僥倖心態,如果被查到沒買車票就上車,不但罰款會比原車票貴上許多,也會留下乘客的資料作為記錄,真的是得不償失。要提醒大家一點,即使你持有各國的鐵路通行證,在搭車前最好再去火車站的櫃檯向服務人員做最後的確認,因為有許多高速火車(如TGV)或是跨國列車還是需要另外訂位,否則沒有座位可以坐。

Step 2 確認搭車的日期及時間

有車票之後,就可以準備出發前往火車站了。在搭車的前幾天,我建議大家再確認一次車票上列印的搭車時間,以免搞錯搭車的日期。萬一真的不小心弄錯搭車的日期,只要是還沒發車的班次,都能去售票櫃檯向服務人員更換車票(可能會被收取一些手續費)。

Step 3 查看火車站的看板

至於火車的發車時間,最好也事先上網確認一下,不過還是以火車站內看板所標示的資訊為主,因此務必提早到車站候車。通常看板上會列出火車的發車時間、目的地及月台編號。你可以對照一下跟自己手邊的資訊是否一樣,正確無誤的話就趕緊到月台搭車吧!

以火車發車時間及月台以車站的看板為準

Step 4 確認車廂及座位

歐洲的火車有些需要訂位,有些則是上車看見有空位就隨便坐。正常的情況下,跨國列車、高速火車都是需要訂位,地域性的區間車通常就不需要訂位。需要訂位的車班,一定要按照票面上所印的座位去坐。

航空遊 搭飛機

今日往來歐洲各國之間，由於廉價航空公司的出現，搭飛機旅遊的費用變得比搭火車還要便宜。歐洲最知名的廉價航空公司首推easyJet和Ryan Air，其他如Air Berlin、German Wings也是相當熱門的航空公司。那該選擇哪一家航空公司呢？因為每家公司飛的航點不同，所以要看你的旅遊目的地來決定。

從飛機上鳥瞰阿爾卑斯山的景觀

一定要搞懂的廉價航空

廉價航空公司的機票,必須要自己上網買票,而且隨著日期的變動,機票的價格也不一樣。正常的情況下,越接近出發的日期票價越貴,越早訂機票才有機會買到便宜的優惠機票。通常航空公司在半年以前就會釋放出機票。如果你早就能確定旅行的時間,那就毫不考慮地買下機票吧!

留意廉價航空的限制

以easyJet為例,它允許每位乘客攜帶一件手提行李,大小約一般的登機箱,重量則沒有限制(其他航空有限制)。若是你的行李太多,可以考慮在買機票的時候另外加買一件行李(每個國家的費用不一樣),通常加買的行李一件是20公斤為上限。

便宜機票的航班時間通常比較差,像是很早或是很晚的班機,說不定必須要在機場或是附近的旅館睡一晚,才有辦法趕上飛機,因此在訂票的時候也要將這情況列入考慮。不論如何,廉價航空的機票有許多限制,所以一定要搞清楚遊戲規則,否則吃虧的是自己。

依我個人的經驗,我比較喜歡搭乘easyJet、Ryan Air、German Wings等知名的航空公司。一來它們的航點比較多之外,二來也不用太擔心信譽的問題。因為曾經有廉價航空公司經營不善而倒閉,結果那些已經買票的乘客就白白地損失機票錢,所以選擇名氣高的廉價航空公司比較有保障。

Air Berlin的廣告看板

Europa alles drin ab 44 .99 €*

easyJet 網站訂票 Step by Step

http www.easyJet.com

以廉價航空easyJet為例，說明如何訂票和操作。

Step 1

① 選擇英文介面　④ 選擇搭機日期
② 出發地　　　　⑤ 選擇回程日期(單程者免填)
③ 目的地　　　　⑥ 同行乘客的人數

⑦ 成人
⑧ 16歲以下兒童
⑨ 2歲以下幼兒
⑩ 彈性日期選擇(如果你不

在意早一天或晚一天的飛機，系統會列出前後幾天的票價對照)
⑪ 開始查詢機票

Step 2

白色空白表示當天沒有航班，必須選其他日期

選擇日期及價位，點選後變成綠色

Step 3

如果想更換地點或日期，由這邊選取

選擇票價顯示的幣值

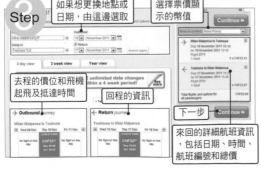

去程的價位和飛機起飛及抵達時間

回程的資訊

來回的詳細航班資訊，包括日期、時間、航班編號和總價

下一步

Step 4

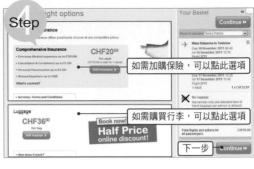

如需加購保險，可以點此選項

如需購買行李，可以點此選項

下一步

Step 5

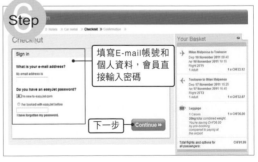

如需加訂旅館或租車，可以考慮一併購買

下一步

Step 6

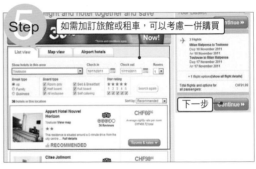

填寫E-mail帳號和個人資料，會員直接輸入密碼

下一步

Step 7

填寫信用卡資料

勾選同意

下一步

來回的詳細航班資訊

確定購票

easyJet 搭機步驟Step by Step

Step 1 自行列印電子機票

上網買機票之後,系統會寄一封確認郵件給你,因此一定要留下正確的E-mail電子信箱才能收到回覆信件。在這封確認的電子郵件內,將會有你的訂位代號(Booking Number),有關於航班的問題,都需要這組號碼,所以我建議大家把這封信件列印出來並妥善保存;到機場辦理登機手續時,也會需要用到。

自行列印出來的電子機票

Step 2 上網辦理登機手續

現在許多航空公司都相繼推出網路上Check in的方式,讓乘客們可以在家裡辦理登機手續,然後自行列印登機證(Boarding Pass)。這樣一來到機場之後,只需要將在家裡列印出來的登機證及託運行李交給櫃檯服務人員,就能準備前往閘門搭機了,會節省很多時間。像easyJet及Ryan Air在搭飛機的2個月之前就能上網辦理登機,搭乘Ryan Air的乘客若是去到機場櫃檯才辦理登機的話,還會被收取一筆額外的手續費,這點一定要注意。

Step 3 機場辦理登機

若是你已經自行上網辦理登機,又沒有任何託運行李的情況下,就不需要到機場的櫃檯,直接前往登機的閘門即可。反之,假如你有行李要託運(即使已經自己上網辦好登機手續了),或是沒有自己上網辦理登機手續,那至少要在飛機起飛前的40分鐘抵達機場的櫃檯。

若是沒有自己辦理登機,必須去機場櫃檯領登機證

至少要在起飛前的40分鐘到機場櫃檯

自行列印登機證的機器

Step 4 登機

easyJet自行選位需要多加費用，否則系統會自動幫你選位。根據我的經驗，飛機的前後門都會同時開放給乘客上機，從後門上機說不定更容易找到好位置。飛機上不會提供任何餐點，餐點要另外付費，如果你有需要買點心或是飲料，可以直接向空服員洽詢。機上的餐點價錢算是合理，不會比機場賣得貴。

飛機上也有供餐的服務人員

easyJet飛機上的餐飲要另外付費

這些也需要注意

刷卡買票的手續費

目前easyJet的機票只能自己上網購買，不過刷卡買機票的話，還得支付一筆約10歐元左右的手續費，視國家及信用卡(普通信用卡、Debit Card、Visa Electron)的種類而定。

行李的限制

easyJet目前規定只能攜帶一件隨身的行李，大小要在他們的規定範圍內，在各大機場櫃檯旁會有一個測量行李大小的框架，萬一你的行李太大的話，那麼地勤人員會要求將你的行李送去託運，此時的費用會比上網買

easyJet的隨身行李，必須要合乎它的大小規定

行李來得高一些。通常女用的隨身小包包、電腦包或是相機包不算在手提行李的範圍內，不過還是依照當時的地勤人員的要求為準則。

如果登機時不想排隊，可以另外購買優先登機的服務

Speedy Boarding

倘若你不想在登機的時候跟大家排隊，也可以購買優先登機的服務(Speedy Boarding)，這樣一來你就可以先上飛機選位置。每個機場的優先登機費用不同，可以視自己的需求決定。

歐洲各國航空公司一覽表

Brussels Airlines

 www.brusselsairlines.com

 出發地區　布魯塞爾(Brussels)

Eurowings

 www.eurowings.com

 出發地區　歐洲各城市(All Europe)

TAP Air Portugal

 www.flytap.com

 出發地區　里斯本(Lisbon)

Smartwings

 www.smartwings.com

出發地區　布拉格(Prague)

★捷克的第一家廉價航空公司

Wizz Air

 www.wizzair.com

出發地區　布達佩斯(Budapest)
全歐(All Europe)

Iberia

 www.iberia.com

出發地區　巴塞隆納(Barcelona)
馬德里(Madrid)

Estonian Air

estonian-air.ivisa.com/

出發地區　塔林(Tallinn)

★飛往愛沙尼亞及東歐地區，不過
某些航班僅限於夏季

Transavia

www.transavia.com

出發地區　歐洲各城市(All Europe)

Scandinavia

www.flysas.com

出發地區　斯德哥爾摩(Stockholm)
奧斯陸(Oslo)
哥本哈根(Copenhagen)

Condor 推薦

 www.condor.com

出發地區 全歐(All Europe)

★Condor是知名旅遊公司Thomas Cook旗下的航空公司，主要航點是從德國飛往歐洲各地、美國、加勒比海及非洲等地的廉價航班

Germanwing

 www.germanwings.com

出發地區 科隆(Cologne)

★手提行李限重8公斤，上網購買託運行李每件是10歐元，若是機場購買是20歐元

Lufthansa 推薦

 www.lufthansa.com

出發地區 慕尼黑(Munich) 法蘭克福(Frankfurt)

★雖然漢莎不算廉價航空，卻是歐洲屬一屬二的優良航空公司，網路上也經常推出優惠票價

Aegean Airlines

 www.aegeanair.com

出發地區 雅典(Athens)

★希臘的航空公司，主要是飛往雅典及希臘各島嶼

Aer Lingus

 www.aerlingus.com

出發地區 都柏林(Dublin)

★愛爾蘭的航空公司，主要從都柏林飛往歐洲各國

Ryanair

 www.ryanair.com

出發地區 全歐(All Europe)

★歐洲很知名的廉價航空，價位非常便宜。若要說唯一的缺點，就是許多城市不是飛到主要機場，訂票時要注意。

Volotea

 www.volotea.com

出發地區 威尼斯(Venice) 及南歐各小島

★義大利最大的廉價航空公司，以米蘭為主要基地，除了歐洲各國之外，還飛到埃及開羅

Meridiana Fly

 www.meridiana.it

出發地區 米蘭(Milan) 羅馬(Rome)

★基地在佛羅倫斯的義大利航空公司，飛往義大利國內的各大城市、英國及法國等地

Air Baltic

www.airbaltic.com

出發地區 里加(Riga)

★從拉脫維亞飛往歐洲各國

交通篇

航空遊 搭飛機

Air Malta
 www.airmalta.com

出發地區 馬爾他(Malta)

★主要是飛往南歐島國馬爾他

Vueling
 www.vueling.com

出發地區 巴塞隆納(Barcelona)

★以巴塞隆納為基地的西班牙廉價航空公司,價位還不錯

Bmibaby
 www.bmibaby.com

出發地區 伯明罕(Birmingham)

★規模也算滿大的一家英國廉價航空,主要飛往地中海沿岸的渡假區

KLM
 www.klm.com

出發地區 阿姆斯特丹(Amsterdam)

★荷蘭航空,主要是飛往亞洲的長程航線

Swiss
 www.swiss.com

出發地區 蘇黎世(Zurich)

★瑞士航空,從蘇黎世飛往歐洲各大城市,票價比其他航空稍微高一點

easyJet　推薦
 www.easyjet.com

出發地區 全歐(All Europe)

★歐洲非常熱門的廉價航空公司,是廣受好評的廉價航空

Norwegian
 www.norwegian.com

出發地區 奧斯陸(Oslo)

★來自挪威的航空公司

AirFrance
 www.airfrance.fr

出發地區 法國各大城市(France)

★從法國飛往歐洲各城市或是非洲、美國等地

Austrian Airlines　推薦
 www.austrian.com

出發地區 維也納(Vienna)

★從維也納前往奧地利各大城市及歐洲其他國家

長程遊 搭巴士

搭乘巴士旅遊歐洲，應該是最便宜的交通工具了。因為歐洲城市之間的距離有一定的公里數，車程往往會超過10個小時以上，搭巴士這種旅遊方式可以說是用時間和體力來換取金錢，如果你不是能吃苦耐勞的年輕人，那麼將會是很辛苦的一件差事。不過少部分國家，如波羅的海三個小國因為火車系統不發達，因此搭乘巴士成了最主要也是最普遍的旅遊方式。

瑞士的郵政巴士

Eurolines：歐洲最大巴士公司

Eurolines是往來歐洲各國之間，規模最大的巴士公司，價位也算合理，由於大多數的巴士都是長程的跨國路線，我建議最好事先上網預訂車票，否則當場向司機買票會有無座位的風險。並非所有城市都有歐洲巴士行駛，總計目前有超過34個國家，多達500個城市有提供服務，規畫時可先參考目前有行駛而且大家較常去的國家及城市。城市還不斷地增加當中，可上官網再確認。

Eurolines行駛範圍

行駛國家	行駛城市
奧地利(Austria)	薩爾斯堡(Salzburg)／維也納(Vienna)
比利時(Belgium)	布魯塞爾(Brussels)／布魯日 (Bruges)／安特衛普 (Antwerp)／根特 (Ghent)／芒斯 (Mons)／列日 (Liege)
瑞士(Switzerland)	日內瓦(Geneva)／伯恩(Bern)／巴賽爾(Basel)／蘇黎世(Zurich)
法國(France)	巴黎(Paris)
德國(Germany)	柏林(Berlin)／漢堡(Hamburg)／科隆(Koln)／慕尼黑(Munich)
保加利亞(Bulgaria)	索菲亞(Sofia)
克羅埃西亞(Croatia)	薩格勒布(Zagreb)
愛沙尼亞(Estonia)	塔林(Tallinn)
拉脫維亞(Latvia)	里加(Riga)
立陶宛(Lithuania)	維紐斯(Vilnius)
羅馬尼亞(Romania)	布加勒斯特(Bucharest)
匈牙利(Hungary)	布達佩斯(Budapest)
捷克(Czech)	布拉格(Prague)／比爾森(Pilsen)／布爾諾(Brno)
波蘭(Poland)	克拉科夫(Kraków/ Cracow)／華沙(Warszawa/ Warsaw)
塞爾維亞(Serbia)	貝爾格萊德(Belgrade)
斯洛伐克(Slovakia)	布拉提斯拉瓦(Bratislava)／科希策(Košice)
斯洛維尼亞(Slovenia)	盧比亞那(Ljubljana)
義大利(Italy)	佛羅倫斯(Firenze)／羅馬(Roma)／威尼斯(Venice)
西班牙(Spain)	巴塞隆納(Barcelona)／馬德里(Madrid)
葡萄牙(Portugal)	里斯本(Lisbon)／波爾圖(Porto)／阿爾加維(Algarve)
英國(United Kingdom)	倫敦(London)／肯特(Canterbury)
愛爾蘭(Ireland)	都柏林(Dublin)／科克(Cork)
荷蘭(Netherlands)	阿姆斯特丹(Amsterdam)
挪威(Norway)	奧斯陸(Oslo)
瑞典(Sweden)	斯德哥爾摩(Stockholm)
丹麥(Denmark)	哥本哈根(Copenhagen)

製表／鄭明佳

Eurolines訂位Step by Step

http www.eurolines.com

選定出發國家後，會開啟另一視窗連結至該國
網站。

Step 1 開始

按箭頭後，出現下拉式選
單供挑選出發地的國家

按下BOOK NOW會開啟另一視窗，
連結至該國家的Eurolines

Step 2 填車票資訊

Step 3 選擇班次

秀出出發日6天內的
班次及價格供選擇

點選欲搭乘的班次

下一步

① 選擇英文介面
② 單程
③ 來回
④ 來回的回程日期未定(效期
　為6個月，較彈性，但票價
　較已確定回程日期貴)
⑤ 選擇出發國家
⑥ 出發城市
⑦ 選擇抵達國家
⑧ 抵達城市
⑨ 選擇出發日期(若選擇來回
　票，右邊會再出現回程日期
　供選擇)
⑩ 選擇旅客人數
⑪ 開始搜尋

交通篇

長程遊 搭巴士

Step 4 填寫個人資料

1. 同護照上的英文名
2. 英文地址
3. 城市
4. 電話
5. 同護照上的英文姓
6. 郵遞區號
7. 國家
8. 電子信箱
9. 再次填入電子信箱
10. 訂閱電子報
11. 乘客資訊,若有兩位以上,會出現兩欄
12. 同護照上的英文名
13. 同護照上的英文姓
14. 填入西元出生日期(日/月/年)
15. 選擇是否加購保險
16. 請勾選我同意購買條款
17. 請勾選自行從電子信箱列印電子車票
18. 回上一步修改資料
19. 下一步

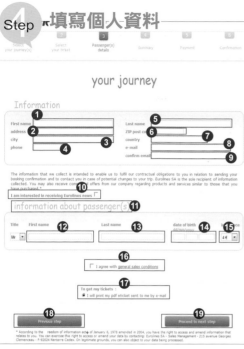

Step 5 確認車票資訊

回上一步修改資料

確認以上各項資訊無誤,下一步

Step 6 選擇信用卡

點選下列欲付款的信用卡別

Step 7 刷卡付款

卡片到期月分

卡片到期年分

填入信用卡號

開始購票

直接用手機使用電子車票搭車(照片提供／FlixBus)

FlixBus訂位Step by Step

http www.flixbus.com

　　主打廉價便宜的口號，來自德國的FlixBus是近年來歐洲最熱門的巴士公司，不但行駛的據點多達26個國家，1,400多個城市，而且票價相當誘人。在歐洲各國旅行又想節省交通費的人，不妨考慮選擇搭乘這家公司。不過Ricky要提醒大家一點，這種廉價巴士有時候得在車上過夜，車程往往會超過10個小時，雖然中途會停車讓乘客下車上廁所，對於上了年紀的人，體力上會感到吃不消，比較適合旅遊經費有限的年輕人。

Step 1 進入首頁

　　FlixBus的官網首頁，可以直接輸入想去的城市開始查詢(接Step 5)，或是進入其他頁面瀏覽相關訊息。

❶ 開始訂票：進入頁面後，可看到公車行駛路線圖，但點選旁邊的Route Map會更清楚簡單
❷ 公車路線圖(跳到Step2)
❸ 城市導覽：直接以字母順序，列出所有的據點
❹ 服務資訊：包括旅遊資訊、行李問題、取消及更改車票
❺ 公司簡介：介紹這家FlixBus的概況，如安全問題等
❻ 出發地
❼ 目的地
❽ 搭車日期
❾ 回程日期
❿ 乘客人數
⓫ 開始搜尋

綠色車身的FlixBus(照片提供／FlixBus)

Step 2 航點地圖 I

　　點選Step 1的選項2(公車路線圖)，即可進到航點地圖的畫面。在地圖上移動滑鼠游標時，會同時顯示該城市的名稱，對初次使用者來說非常方便。

Step 3 航點地圖 II

點選地圖上任一個出發的城市後，出發地會變成橘色，並顯示該城市的英文名稱

　　點選地圖上任一城市後，便會秀出可前往的城市航點，省去搜尋的麻煩。舉例來說，要查看從倫敦出發的FlixBus能去哪些地方，直接點倫敦的位置，該位置會變成橘色，並顯示倫敦的英文名稱London，而地圖上則剩下從倫敦出發可達的航點，這樣看地圖的相對位置就會一目了然。

交通篇

長程遊 搭巴士

Step 4 選取城市

點選任何目的地後，點此繼續購票的步驟

點選想去的目的地之後，出發地和目的地都會變成橘色的圈點，並在最下方列出最便宜的票價。直接點進去票價的地方，就能開始購票。

Step 5 顯示班次

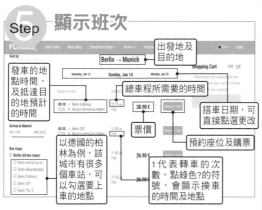

出發地及目的地

發車的地點時間，及抵達目的地預計的時間

總車程所需要的時間

搭車日期，可直接點選更改

票價

以德國的柏林為例，該城市有很多個車站，可以勾選要上車的地點

預約座位及購買

1代表轉車的次數，點綠色的?的符號，會顯示換車的時間及地點

系統會列出各時間的班次資訊及價位，有些城市的車站不只一個，上車地點不同，票價也會有差異，在購票時務必要確認上車的地點。

Step 6 確認&選取車票

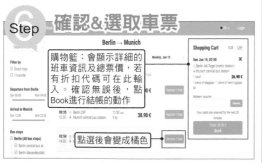

購物籃：會顯示詳細的班車資訊及總票價，若有折扣代碼可在此輸入。確認無誤後，點Book進行結帳的動作

點選後會變成橘色

選取要購買的班次，如果要買超過1張的車票，要在頁面上方Passengers的那一欄選取乘客的人數。

Step 7 輸入乘客資料

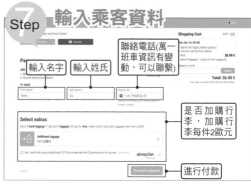

輸入名字

輸入姓氏

聯絡電話(萬一班車資訊有變動，可以聯繫)

是否加購行李，加購行李每件2歐元

進行付款

Step 8 信用卡選項

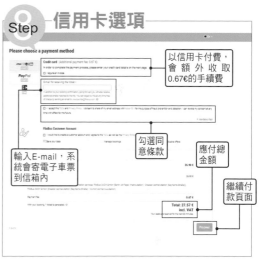

以信用卡付費，會額外收取0.67€的手續費

輸入E-mail，系統會寄電子車票到信箱內

勾選同意條款

應付總金額

繼續付款頁面

Step 9 輸入信用卡資料

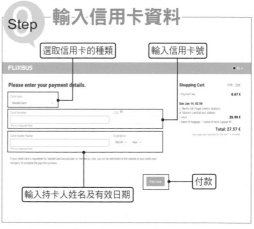

選取信用卡的種類

輸入信用卡號

輸入持卡人姓名及有效日期

付款

公路遊 自駕車

也許你會覺得歐洲「地廣人稀」，自行開車遊歐洲應該會比搭乘大眾交通工具來得方便，其實開車的困難度會比搭乘火車高一些，因為你可能會遇到更多的突發狀況。這表示你不但先要找租車公司租車之外，對於各國路況的熟悉度、是否看得懂街道的標示牌、找停車位等問題都是要列入考慮的因素，而且千萬不要忘記一點，歐洲冬天下雪的機會很高，開車上路並不如想像中簡單。

馬德里的格蘭大道(Gran Via)

國際駕照辦好再出國

想開車玩歐洲,我會建議大家,除非你是自助旅遊的老鳥,否則還是搭火車旅遊就好。計畫要開車遊歐洲的民眾,在出發前的首要任務,就是前往監理所申辦英文的「國際駕照」,不然歐洲國家並不接受寫中文的台灣駕照。有了國際駕照後,接下來的工作就是到各大租車網站預訂車輛,等到抵達當地就可以直接取車了。有些租車公司(如Hertz)在台灣也設有分部,對於想出國租車的旅客來說,先在台灣向租車公司租好車,到了歐洲再取車,這樣比較不會有溝通上的麻煩。當然,若是你的外語能力夠好,抵達當地之後再租車也是沒問題的。

要格外注意的是,歐洲自排車款比較少,在租車的時候一定要先確定車種及取車的地點和時間。開車上路時,請務必遵守各國的交通規則,不然罰單一樣會跨海追到你的身上來。以下是幾項租車時的注意事項,幫忙提醒大家要多留意,以保障自身的權益。

幾乎每個機場都有租車的服務櫃檯

開車過海關的時候,要備妥相關的證件

機場都有設置租車櫃檯

租車時要確認

確認資料

不管你是上網租車還是透過租車公司,最重要的一點就是資料的確認,包括租車者的姓名、車輛款式、拿車的地點及時間,萬一不小心搞錯了日期,那鐵定會影響到整趟的行程。除此之外,還要確定關於里程數的問題,租車的時候一定要向租車公司確定是否包括里程數,某些公司也許價位便宜,不過卻沒有包含太多的公里數。車子是否已經有保險,也要向租車公司加以確認。

取車須知

大多數的租車公司,在機場都設有服務櫃檯,以方便遊客取車。在取車之前,當然要準備好相關的文件,包括英文版的國際駕照、護照、信用卡、及租車的確認信。如果一切的文件都沒有問題的話,那麼服務人員便會帶你去拿車。

Hertz租車網站首頁　　AVIS網站首頁

國際知名租車公司

1 Sixt Holidays http www.sixt.com
2 Europcar http www.europcar.com
3 Hertz http www.hertz.com
4 AVIS http www.avis.com

開車時要注意

付費公路

瑞士的高速公路

歐洲許多國家如法國及義大利，高速公路是按照里程數來收費，收費的方式依各地區而異，有的是機器收費，有些則是人工收費。當車子進入高速公路時要取票，離開的時候繳回票卡，機器便會自動計算應該繳交的過路費。值得注意的一點，像瑞士的高速公路是採用年度通行證制，因此在瑞士租車時，記得要確認車上是否已經附有通行證；倘若你是從其他國家租車進入瑞士，那要自行去海關或是郵局購買通行證。

　　歐洲的高速公路大致上為兩線道，外加路肩的車道，總共是3線道。一般來說，行駛在高速公路上時，主要都是沿著外線道開，內線車道(快車道)僅給需要超車的車輛使用，因此千萬不要占用快車道，至於路肩也是在緊急的情況才能使用。如果你不趕時間的話，那也不一定要開高速公路，走普通的公路也是不錯的選擇，這樣一來不僅能省下過路費，路途中遇見漂亮的風景，隨時都能停下來拍照。

左駕v.s.右駕

　　除了英國之外，歐洲大陸的國家都是左駕，也就是跟台灣一樣，在歐洲開車其實不會有不適應的問題。

無紅綠燈的圓環

　　除了大城市之外，歐洲一般道路的十字路口幾乎都用圓環來取代紅綠燈，所以一定要熟悉圓環的規則。正常的情況下，車輛在進入圓環之前要先停下來，讓圓環內的左側來車先通過之後，就能依序開進圓環。有時候若是找不到地方回轉的話，也能利用圓環來回轉。

停車須知

　　歐洲各國，不管是風景區還是市中心，大多數的停車位都是需要繳費的，有的是以時數來計算，有些則是以次數來算，每小時大約在1～4歐元左右。無論是哪一種計費方式，按照規定繳交停車費是不二法門，否則違規的罰單很快就找上你了。

市區的停車位標誌

如何申辦國際駕照

辦理地點：全國各公路監理所
準備文件：

1 身分證
2 汽車駕駛執照
3 護照
4 正面脫帽2吋照片2張
5 規費新台幣250元

※資料時有異動請以最新公告為準

水上遊 搭渡輪

在歐洲的旅遊，很多地區及國家提供了搭乘渡輪的機會，有遊湖、遊河、及跨海之間等五花八門的行程。可是你一定會有疑問，何時、何地該搭渡輪呢？這就要看地點來決定了。舉例來說，瑞士以湖光山色聞名，很多遊客來瑞士便想體驗一下搭船遊湖的悠閒氛圍；往來希臘島嶼之間，渡輪也是方便又便宜的選擇。因此來到歐洲旅遊，不妨找機會在各國搭乘渡輪，從水上的角度來欣賞陸地風光。

多瑙河上的渡輪

遊湖：瑞士

　　來到以明媚湖光為其特色的瑞士，不管是北部還是南邊，走到哪裡都能看見湖泊的蹤影，坐船遊湖絕對是非得嘗試的活動。老實說哪座湖比較漂亮，真的是無從比較。我建議大家視當時的天氣以及時間來決定，天氣好，才能愜意地欣賞湖光山色，否則只是坐在船上吹冷風而已。

　　通常每座湖泊的船班都會安排不同的參觀路線，依我個人的經驗，大約選擇2～3小時的遊湖行程剛剛好，行程太短會讓人覺得意猶未盡，太長又顯得枯燥乏味。有些遊湖的渡輪上，還提供了餐點的服務，旅客們可以一邊享用美食，一邊沉醉在美麗的湖光之中。值得注意的一點，因為每座湖的渡輪分屬不同船公司，因此持有「Swiss Travel Pass」是否能免費搭乘，要到各家網站查詢或是當場詢問。

搭渡輪遊湖，是參觀瑞士的熱門活動之一

遊河：德國及東歐

　　歐洲不乏美麗的河流，其中最重要的兩條河分別是萊茵河和多瑙河。如果你旅行的地點剛好就在這兩條河一帶，何不利用河上的渡輪來銜接沿途的觀光景點，來一趟浪漫的遊河行程呢？舉例來說，從奧地利的首都維也納到鄰國斯洛伐克的首都布拉提斯拉瓦，往來這兩地之間最方便的交通方式就是搭乘多瑙河上的渡輪，因為上下渡輪的地點剛好都位於市中心，非常地便利。這種類似觀光行程的渡輪，最好事先上網預定(並付費)，否則在旺季的時候現場經常是一位難求。

維也納前往布拉提斯拉瓦的碼頭

多瑙河的風光

跨海：北歐及地中海地區

在某些情況下，歐洲國家之間的交通，搭乘跨海的渡輪是往來兩國水城市最普遍的交通方式，例如芬蘭的首都赫爾辛基和愛沙尼亞的首都塔林就是最好的例子。另外，前往島嶼遍布的希臘旅遊，搭乘渡輪往來各島嶼之間也是很普遍的交通方式。

有時渡輪是連繫城市之間最快的交通方式

水都威尼斯

在歐洲眾多城市之中，威尼斯算是比較特殊的一處景點。威尼斯向來以水都著稱，密密麻麻的河道貫穿於各角落，市區裡唯一的公共交通工具就是渡輪。渡輪有分為好幾種，有計程車的渡輪、收垃圾的渡輪、也有像公車一樣的渡輪。對觀光客而言，單買渡輪的船票其實很貴，最聰明划算的方式就是連續買12小時或是24小時以上的套票，然後利用這段期間搭船參觀慕拉諾(Murano)及布拉諾(Burano)等外島。

至於船票，抵達威尼斯當地再購買即可，並不需要事先上網購買。值得注意的是，每位乘客隨身只能攜帶一件行李，超過一件以上的行李，記得要多買行李的費用，以免變成逃票。

船在威尼斯的功能和公車差不多

威尼斯水上巴士票價表

票種	票價
單程票	8歐元(60分鐘內有效)
1日票	20歐元
2日票	30歐元
3日票	40歐元
7日票	60歐元

船票直接從機器購買即可，不需預訂

搭船前要將船票放到機器感應

交通相關名詞多國語言對照

　　歐洲各國雖然語言不同，不過多數居民或多或少能講德語或是法語的比例很高，而且他們的英語能力也不斷在提升當中。像機場、火車站、重要的觀光景點等地一定會有英文的指標。因此認懂基本標誌的話，這樣出門就不會有太多的問題了。下面簡列出英、德、法文常用交通名詞。

機場
Airport　Flughafen　Aéroport

辦理登機櫃檯
Check in　Check in　Check in

登機閘門
Gate　Ausgang　Sortie

離境
Departure　Abfahrt　Départ

海關
Custom　Zoll　Douane

轉機
Transfer　Transfer　Transfer

行李
Luggage/Baggage　Gepäck　Bagages

火車站
Train Station　Bahnhof　Gare

火車
Train　Bahn　Train

交通篇

交通相關名詞多國語言對照

月台

 Platform　Gleis　Quai

公車站

Bus Station　Haltestelle　Arrêt du Bus

公車

 Bus　Bus　Bus

旅遊資訊中心

 Information　Information　Information

退稅櫃檯

Tax refund　Mehrwertsteuerrüc Kerstattung

Détaxe

寄物櫃

 Locker　Schliessfach　Casier

高速公路

 Freeway　Autobahn　Autoroute

路面電車

 Tram　Tram　Tram

地鐵

 Subway　U-bahn　Métro

腳踏車

 Bicycle　Fahrrad　Vélo

計程車

 Taxi　Taxi　Taxi

加油站

 Gas Station　Tankstelle　Station d'essence

生活篇
Travel Life

從簡單在地化開始

不同的國家、不同的民族,就會有生活習慣上的差異,而想要深入體驗
他國文化最簡易的方法,就是從基本的飲食開始。本篇除了介紹歐洲人
的飲食之外,還探討了衣著、住宿及當地環境的注意事項。

搞定**食衣住**的問題

不管走到哪裡，吃飯及飲水是每個人最基本的民生需求，也是旅途中必要的開銷之一。尤其在物價昂貴的歐洲旅行，若是懂得精打細算，大家既能吃得飽又吃得好，這樣才有體力繼續邁向下一段旅程。

Lugano湖畔

省錢吃飯5法則

❶剩餘早餐打包

不論你是住旅館還是民宿，選擇有提供早餐的住宿環境，吃飽了再出門，這樣不但有精神體力，也可以省下一頓餐點的額外開銷。通常旅館會提供自助式早餐，而民宿的早餐分量也夠多，許多民宿主人會熱心地建議吃不完打包當午餐，那就來個自製三明治吧！在夏季時分，帶著打包的三明治到湖邊或山上野餐，也是挺悠閒浪漫的，所以出發前記得準備一些餐巾紙和夾鍊袋，以備不時之需。

若民宿主人沒有主動提起打包事宜，那不妨直接詢問老闆，或是觀察其他桌的客人是否有打包未吃完的食物。值得注意的一點，若是旅館、民宿提供的是「無限供應的自助式早餐」，這類早餐通常是不允許客人打包外帶，千萬不要想偷偷地挾帶食物，讓外國人看笑話可就很窘了。

無限供應的自助式早餐不能打包

❷自己開伙煮

電湯匙是旅人的好朋友，台灣人習慣喝熱湯暖身，特別是在寒冷的冬天時，從冰天雪地的戶外回到住宿地時，一定會想要來點熱騰騰的湯或是茶飲。住宿地方若沒有提供煮水壺，此刻電湯匙就能派上用場了。記得去登山用品店購買220V的，以免因為電壓不同造成住宿的地方跳電。當然也要記得帶萬用轉接頭。

使用電湯匙要特別注意先放水在鋼杯，水至少要蓋過電湯匙8分滿以上，才開始插電使用，水煮沸了之後，也是先將電湯匙插頭拔掉再取出，這樣才不會乾燒而發生危險。在熱開水中放入泡麵，當聞到那熟悉的台灣味時，一定會感動得流下淚來。

住宿青年旅館或是附廚房的公寓式酒店，可去超市買些簡單食材或是罐頭，再搭配台灣帶去的調理包(泡麵或是麵條)，就可便宜享受到台灣味。特別是當吃不慣當地食物時，自己料理既省錢，又能吃得很滿足。

❸善用連鎖速食店

不論走到世界各地，只要看到麥當勞、漢堡王、肯德基等連鎖速食店，那熟悉的感覺就跟在台灣差不多，可是速食店一份套餐價格大約是台灣的2～3倍(視國家而定)。一般來說，在歐洲這樣高消費的國家外食，速食店算是比較便宜的等級，不定時還會推出特惠套餐。套餐的口味依各地稍做變化，不過基本上還是大同小異，想嘗鮮的人倒是可嘗試當地獨特的風味。如果你不喜歡吃薯條，那省下套餐的錢，單買漢堡再去超市買飲料更划算。最重要的一點，大多數的速食店會提供無線上網的服務，顧客們也可以趁機使用廁所。

歐洲的餐館都裝飾得很有特色

方便的速食店

清爽的沙拉非常適合夏天食用

濱海的城市通常會販售許多新鮮的海產

逛市集是體驗當地文化最直接的方法

❹ 上餐館吃特價餐

　　跟台灣相較下，在歐洲上餐館吃飯的費用並不算便宜，不過選擇一家經濟又實惠的餐廳，其實也不是太困難的任務。多數的餐廳會將價目表或是Menu擺在門口，有的還會清楚地寫著今日的特價食物。走在街上，就能看到各式各樣的餐點及價位。如果你的預算有限，又想上餐廳吃飯的話，不妨可以考慮點這一類的特價餐點。

　　歐洲餐廳的Menu通常是指包括前菜、主菜、及甜點的套餐，套餐的總價會比分開單點稍微便宜一點點，可是整套這樣吃起來太過於正式，大多數的人也吃不完。因此在歐洲上餐館時，許多人只會點一份主菜而已，食量小的女生甚至只吃一盤生菜沙拉就已經足夠，這樣既能省錢又不會浪費食物。

❺ 到超級市場&傳統市場採買

　　通常超級市場因為連鎖經營的緣故，不會對觀光客漫天開價，因此懂得善用歐洲的超級市場及傳統菜市場，將會對你的旅途省下不少開銷。整體上看來，雖然歐洲的物價比較高，可是市場裡賣的商品卻不見得比台灣貴，如果知道如何挑選當地或是當季的特價品，那才是真正的超值又划算，有些食材甚至便宜到讓你覺

得驚奇呢！而且最重要的一點，要懂得針對當地的環境來挑選食物，例如到了海邊的城市，通常會有豐富又便宜的海產料理，相反地若是前往群山環繞的瑞士及奧地利，就盡量少買海鮮類的食物。

除了那些罐裝食品之外，歐洲的超市及露天市集往往規畫了方便民眾的熟食區，來這裡挑選食物、眼見為憑，不會因為看錯菜單而誤踩地雷。規模大一點的超市裡，熟食的種類多，諸如烤雞、披薩、調理好的肉製品等，再選購超市內的水果、生菜沙拉及飲料一起搭配食用，這樣既可吃得營養均衡又經濟實惠。有些超市還提供座位區，不管你是坐在超市裡吃，或是打包去湖邊的長凳上，都能夠輕鬆地解決一餐。下面列舉一些季節性的蔬果，或是歐洲的特產，提供大家購買上的一些參考。

歐洲特產及季節美味一覽表

名稱	季節	附註
蘋果、西洋梨	全年	歐洲各國
草莓	2～5月最便宜	歐洲各國
蘆筍	春天	歐洲各國
葡萄	8～9月最便宜	歐洲各國
哈密瓜、桃子、櫻桃、西瓜	6～9月	中南歐各國
松露、野味	秋季	法國、瑞士、義大利
柿子	10～11月	法國、瑞士、義大利、德國
Colomba	復活節前後	義大利(復活節的蛋糕)
Panettone	聖誕節前後	義大利(義式聖誕節的蛋糕)
巧克力	全年供應	比利時、瑞士
冰淇淋	夏天	歐洲各國
咖啡	全年供應	義大利、法國
啤酒	全年供應	荷蘭、德國、東歐各國
葡萄酒	全年供應	西班牙、法國、瑞士、義大利、希臘
醃燻火腿	全年供應	義大利、法國、西班牙
起士	全年供應	荷蘭、法國、瑞士、義大利

製表／蘇瑞銘(Ricky)

善用當地的超市，能節省不少經費

市集裡會販售各式各樣的熟食或是點心類的食物

醃燻火腿是歐洲常見的冷盤

歐洲國家各有多種不同的起士

歐洲的冰淇淋，香醇味美

如何選擇餐廳

到了一處陌生的地方，人生地不熟的，要如何找好吃的餐廳呢？洽詢民宿老闆或是旅館工作人員或聽當地人的建議，通常會有最準確的餐廳資訊。除此之外，到旅遊中心拿資料時，順便請服務人員推薦幾家餐廳，也可以在網路上搜尋熱心網友的推薦。在路上閒逛時，不妨先翻閱餐廳門口的菜單，順便觀察店內顧客的多寡，客人多代表口味不錯，價格也應該屬合理範圍。

教你應付各種菜單

歐洲許多餐廳會在門口擺出菜單簡介的看板(尤其在夏季的時候)，有的是用粉筆寫滿了菜名的小黑板，有的則是在餐廳的外牆貼上附照片的菜餚及價位標示，甚至也會有服務生站在餐廳大門，手上拿一本詳細的菜單資料，提供給路過的遊客們參考。不管是哪一種菜單，決定在某家餐廳吃飯之前，先翻閱一下是不會吃虧的。

拿到有照片的菜單

到了異國旅遊，大家總是會想要嘗試不一樣的食物，尤其是當地傳統的特色菜餚，不過光是看著密密麻麻的菜名，實在是很難猜出究竟是什麼樣的食物才好吃，因此附有照片的菜單，便可以輕易地幫你解決這項難題了，至少

> Cocktail是雞尾酒，Birre是啤酒，即便看不懂這兩字，也可以從一旁畫的圖樣猜出是飲料

藉由照片能大略知道自己喜不喜歡。萬一你的語言能力不好的話，直接用手指出菜單上的照片，這樣比較不用擔心和服務生雞同鴨講的情況。若是餐廳的餐點附有編號，直接說套餐的號碼，絕對會比唸出它的外文名來得快又正確。

很多餐廳會在門口擺出附照片的菜餚及價位

拿到無照片的菜單

如果拿到沒有照片的菜單，只能藉由菜名來決定要點什麼菜，這時就要考驗你的語言能力及對於各國食物的認知程度了。遇到比較貼心一點的餐廳，他們會在底下稍微附註這道菜更詳細的內容，例如使用香菇、起士的種類、採用哪部分的肉類等等，假如你不吃牛肉或是某些特定的食物，不妨於點菜時再向服務生確認一次。

右頁是一份法文菜單看板的範例，對於懂法文的人來說，應該不難看得懂。因此遇到這種情況，除非你手邊的旅遊資料剛好有介紹，不

從照片的圖示,可以知道餐點的內容和價位,以減少踩到地雷

只有文字和價錢的菜單,比較難猜出是甚麼菜,如果語文能力不好,盡量避免亂點沒圖片的菜單

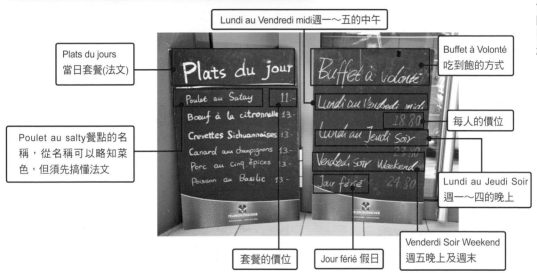

Lundi au Vendredi midi週一～五的中午

Plats du jours
當日套餐(法文)

Buffet à Volonté
吃到飽的方式

Poulet au salty餐點的名稱,從名稱可以略知菜色,但須先搞懂法文

每人的價位

Lundi au Jeudi Soir
週一～四的晚上

套餐的價位

Jour férié 假日

Venderdi Soir Weekend
週五晚上及週末

然我不建議大家對著這樣的菜單隨便亂點。

當日特價餐點

想要吃得飽又吃得好,那可以考慮一下「當日特價餐點」,每家餐廳的特價餐點不盡相同,有些是僅限午餐時間供應,有的則是一整個組合式套餐。正常來說這種優惠的組合餐點包括前菜沙拉、主菜及甜點,整體的價位也許比單點來得便宜一些,不過這樣全套吃下來,分量其實很多,並不太適合食量小的人。所以在點菜之前,務必要衡量個人的情況,否則既浪費錢又浪費食物。

遇到無菜單的餐廳

只有極少數的餐廳沒有提供菜單,萬一你走進了這一類的特殊餐廳,不用慌,儘管安心地坐下來享受美食就對了。這樣的餐廳通常是「老闆準備什麼,顧客們就吃什麼」,不管是提供當地的傳統特色菜,還是稀奇古怪的山珍海味,說不定會有料想不到的意外驚喜。

萬無一失吃飯法

勿點看不懂的字

有些規模小一點的餐廳，並不會提供英文的菜單。若是你不想上菜時有個驚喜的話，那盡量不要亂點看不懂的菜肴，不然就直接詢問服務生是否有推薦的餐點。大致上來說，一份菜單的前後順序通常是：

a 前菜(生菜沙拉、湯類、火腿類)
b 第一道菜(義大利麵類)
c 主菜(豬、牛、雞、魚等肉類)
d 甜點
e 飲料(咖啡、無酒精飲料、酒類)

如果你抓住以上的規則，就比較不會點到不該點的東西。還有一個聰明的方法，若是兩人以上一起出門旅行，盡量選擇不一樣的菜色，例如一個人點豬肉、另一個人就點魚，這樣萬一有其中一道菜肴不合口味，說不定另一道菜會比較好吃，甚至可以互相交換來吃。

無菜單的餐廳，會有意想不到的驚喜

a 生菜沙拉

b 義大利麵類

c 主菜(肉類)

生活篇

搞定食衣住的問題

做好功課，事半功倍

事先準備當地語言的美食字彙小抄，只需要記下幾個關鍵字，在遇到無英文菜單時，也能降低踩到地雷的機會。像義大利麵Pasta、Spaghetti這些單字，幾乎多數國家的寫法都大同小異，所以記住這幾個關鍵字彙，差不多就能吃遍許多地方了。推薦給大家一個網站，可以學到旅遊中食衣住行，西語、法語、德語、義大利語的各種基本會話及單字，還可以下載列印。http www.fodors.com/language

點自己喜歡的菜肴

除非你是抱著想嘗鮮的心態，否則沒事先做好功課，又不知道哪種食物值得一試的時候，那麼就點自己平常最喜歡的口味，或者選擇曾經嘗試過的菜色，這樣比較萬無一失。舉例來說，義大利麵有各式各樣的醬料，我一定都點自己最喜歡的義大利肉醬麵(Spaghetti Bolognese)，即使店家煮得再難吃也不致於落差太大。

美味的可麗餅，可以搭配不同的醬料

白色的水煮麵團，看起來像是饅頭

西班牙甜酒

披薩也有素食的口味

波蘭水餃

鮭魚料理，在挪威到處都能吃到

分量大又好吃的希臘串燒

多元化的西班牙小食

料多味美的西班牙海鮮飯

歐洲各地的美食介紹

以下是一些歐洲各國的名菜，雖然我們可能會不太習慣某些菜肴的口味，不過出國旅遊當然要多多嘗試多元化的當地傳統菜色，這樣才算真正體驗到異國的文化。

希臘千層派

好吃的食物	可品嘗到的國家	Ricky 分享
酸菜(Sauerkraut)	德國及鄰近德國的國家	以高麗菜或是白蘿蔔醃製而成的酸菜，是德國的傳統食物之一，在德國或一些東歐國家普遍會用來搭配肉類的主食
烤豬腳(Schweinehaxen)	德國	豬腳為德國的傳統美食，通常會先醃過再烤，非常入味
德國香腸(烤香腸Rostwurst、油煎香腸Bratwurst)	德國、瑞士	紐倫堡的香腸非常聞名
炸魚薯條(Fish & Chips)	英國	分量通常很多，食量小的可以2人吃一份
羊雜菜(Haggis)	英國(蘇格蘭)	蘇格蘭的傳統菜肴，由羊碎肉和其他一些香料做成的料理，不敢吃羊的人，也有素食口味
烤田螺(Escargots)	法國	非常聞名的法式料理，簡單說就是烤蝸牛，一般當做前菜來食用
馬賽魚湯(Bouillabaisse)		以多種的魚類加配料熬煮而成的魚湯
韃靼牛肉(Tartare de boeuf)	法國、瑞士	這是生的牛肉，不敢吃生牛肉的別誤踩地雷
蛋白霜甜點(Le Macaron)		由糖、杏仁粉、及蛋白霜所製造而成，為法式文化中著名的甜點
可麗餅(Crêpe)	法國、歐洲各國	源自法國北部的可麗餅，在歐洲各地很容易吃得到
起士鍋(Cheese Fondue)	瑞士	瑞士德語區的傳統名菜，含有酒精及濃郁的起士香味
千層麵(Lasagne)	義大利	以起士、牛肉等材料焗烤的義大利傳統美食
披薩(Pizza)	義大利、歐洲各國	提供義大利餐點的披薩都是薄片的為主，有各種不同的口味，對於吃素的人是不錯的選擇
燉飯(Risotto)	義大利、瑞士南部	燉飯的口味很多，飯粒吃起來偏硬，是正常的現象
西班牙海鮮飯(Paella)	西班牙	源於瓦倫西亞的傳統食物，黃色的米飯搭配海鮮或雞肉等混煮而成，有「西班牙的國菜」之稱
西班牙小食(Tapas)		西班牙酒館的佐餐小點心，有點像是我們的小菜
西班牙甜酒(Sangria)		以紅酒為基底，再加上檸檬、水果的調酒
希臘千層派(Moussaka)	希臘	內餡有茄子、絞肉、起士、馬鈴薯，吃起來有像義大利的千層麵
希臘串燒(Souvlaki)		既便宜分量又多，而且符合台灣人的口味
維也納炸豬排(Wiener Schnitzel)	奧地利	維也納的炸豬排以分量特大聞名
淡菜(Moules)	比利時	淡菜並不是蔬菜，而是海鮮貝類的食物
匈牙利燉牛肉(Goulash)	匈牙利	用洋蔥、馬鈴薯、番茄、及牛肉一起燉煮而成
波蘭水餃(Pieróg)	波蘭	有點像是水餃，內餡包著肉類、起士及其他調味料
立陶宛肉丸(Cepelinai)	立陶宛	外皮以馬鈴薯做成，很Q又富有彈性，內餡是包著調味過的絞肉
水煮麵糰(Knedlíky)	捷克	用麵粉和馬鈴薯蒸煮而成，有點像饅頭和麵包的綜合體
馬鈴薯泥 (Stamppot)	荷蘭	通常是馬鈴薯泥搭配甘藍菜和煙燻香腸的組合
鮭魚(Salmon)	挪威	各種不同的鮭魚食品，包括煙燻鮭魚

解決飲用水小撇步

帶個空瓶裝免費水

許多歐洲國家的水都可以生飲，但是如公廁、火車洗手間內的水就不能生飲，通常水龍頭旁會貼上非飲用水的警告標誌。某些城市的街上會看見源源不絕流出的泉水，這種水也能直接喝，若是利用機器讓水源循環的造景噴泉，就絕對不適合飲用。一般來說，其實用肉眼能很容易地判斷，如果真的不知道如何分辨的話，看到有其他人喝再跟著喝吧！

部分國家的水有較重的味道或出現礦物質的沉澱物，我們可能會喝不習慣，若是覺得不安心，那就去超市花錢買水喝！像瑞士、德國的水喝起來不只無味，還很甘甜清涼，而且路邊幾乎都能取用得到，只要帶個空的瓶子或是水壺，隨時都能喝到沁涼的水。

街上可以直接生飲的泉水

歐洲人常喝的飲料

咖啡

歐洲人喝咖啡的習慣，差不多算是一種全民運動。除了早餐一定要有咖啡來提神之外，工作的休息空檔也要跑去喝一杯咖啡，每餐飯後更少不了香醇濃郁的咖啡，滿街林立的露天咖啡座才會因應而生。因此來到歐洲旅行時，不妨也入境隨俗，坐下來喝杯咖啡，體驗片刻歐洲咖啡館的人文氣息。要記得一點，歐洲人是餐後才喝咖啡，如果在餐前點咖啡，那會讓服務生覺得你很奇怪。

特別注意的一點，歐洲賣的咖啡是道地的傳統風味，並不販售改良口味，所以咖啡的名稱及口味也許會跟我們在台灣喝到的不一樣。若是你想喝冰咖啡，只能去星巴克等美式的咖啡店，一般的咖啡館並不會供應。以下是較普遍的咖啡名稱及簡介，供大家參考。

歐洲咖啡大不同

卡布其諾 Capuccino

咖啡上會有一層奶泡，通常比濃縮咖啡的分量多。

希臘冰咖啡

咖啡牛奶

冰咖啡 Ice Coffee

某些特定的國家(如希臘)或是像星巴克(Starbucks)這種連鎖店才有提供。

濃縮咖啡 Expresso

真正道地的義式咖啡,分量大約只有一口。

拿鐵 Latte

義大利文的latte指純牛奶,因此千萬不要到歐洲的咖啡廳向服務生點「拿鐵」。

咖啡牛奶 Latte Machiato

牛奶加上一點點咖啡,嚴格說來算是咖啡牛奶,因此咖啡的味道比較淡。

黑咖啡 Liscio

分量比濃縮咖啡多一點,不含糖及牛奶。

瑪琪朵 Machiato

咖啡加一點點牛奶。

無酒精飲料

在各咖啡館及餐廳,一定會提供無酒精類的飲料,包括汽水、冰紅茶或是礦泉水等等,當然價格會比超級市場賣的略微昂貴。除非你想坐下來休息片刻或是感受露天咖啡座的氣氛,否則上超市買飲料會便宜將近一半。歐洲的超市分為不同的規模,一般民眾買菜的連鎖超市比較便宜,至於位在火車站裡類似書報攤的小店,售價就相對地貴很多。喜歡喝牛奶的人,到了歐洲記得好好享用,這裡的價格比台灣便宜,又香濃好喝。

冰紅茶(Ice Tea)是非常普遍的無酒精飲料

酒精類飲料

來到飲酒風氣盛行的歐洲國家,自然不能錯過品嘗好酒的機會囉!這裡的酒類,可以分為葡萄酒和啤酒兩大類,每個國家地區都有各自獨特的品牌。用餐時,服務生總會先送上飲料單或是詢問要喝什麼,不管是啤酒、紅白酒、還是雞尾酒,喜歡喝酒的人不妨藉機小酌一杯,搭配當地的美食更是有加分的作用。法國、義大利、瑞士等國的葡萄酒相當地聞名,啤酒則在荷蘭、德國及東歐國家非常普遍,有的價格甚至跟水是差不多。

來到盛產葡萄酒的歐洲,一定要小酌幾杯

歐洲各國都有獨特風味的啤酒

衣著穿戴的裝扮法則

如何穿換衣物

因為歐洲屬於大陸型及地中海型的氣候，實際的溫度和濕度高的台灣感受起來並不一樣。舉例來說，歐洲的10℃感覺起來大約像台灣的15℃上下。歐洲的天氣沒有分乾雨季節，每年的變化都不一樣，除了依照當時的季節準備適合的衣物之外，如果計畫前往山區的旅客，最好也一併攜帶保暖的衣服備用，色系以互相能做搭配為主，加上絲巾、圍巾、披肩、皮帶等配件，不用太多服飾也能變化出不同造型。

例如，簡約的襯衫加上絲巾即能增色不少，或是配上腰鍊後頓時就華麗了許多；圍巾在上山時有保暖作用，天氣微涼時僅需圍在外套領口外圍，就有畫龍點睛之效；披肩除了可當春秋兩季的保暖配件使用，在日夜溫差大時，早晚多繞幾圈在脖子上就很溫暖，白天有太陽照射溫度上升時，就取下來隨意綁在腰間，又是另一種造型；外套部分可去戶外用品店選購可防風防水的功能衣，折起來非常輕薄短小，方便於攜帶，下雨時又能充當雨衣。

如何準備衣服

歐洲天氣乾燥，所以比較不容易流汗。除了炎熱的夏季之外，春、秋、冬季的氣候涼爽，外衣並不用每天換洗，只需要更換內衣褲即可。因此在準備行李的時候，內衣褲及襪子可依照每天一件的原則來準備，市面上有販賣免洗的產品，穿完即丟還挺方便的。另外一種方

式，平常可以將要淘汰的貼身衣物、襪子留下來，旅行時帶去，一路穿一路丟，這樣就不用再花錢去買免洗的內衣褲，而且行李箱越拉越輕鬆，還有空間帶伴手禮回來。

其次就是看旅遊地點來決定！如果你是去希臘小島、南歐等比較偏向度假的地方，那麼可準備悠閒輕鬆一點的服飾，像T恤、拖鞋、短褲之類的；若你的目的地是瑞士、奧地利等阿爾卑斯山區，準備一雙舒適的運動鞋或是登山鞋，將會對旅途很有幫助。切記，來歐洲旅遊走路的機會很多，所以不建議穿新鞋子出門。

春&秋(約5～20℃)

歐洲的四季分明，春天和秋天分別是3～5月及9～11月之間，這兩個季節的氣候型態比較接近，屬於清爽怡人的微涼時刻。在這段期間來到歐洲，一定要準備夾克或是外套，裡面搭配長袖的襯衫或是純棉內衣(T恤)就差不多已經足夠。至於褲子的話，還是以長褲為主。

夏季(約20～35℃)

6、7、8月的夏季期間，是來歐洲旅行的最佳季節，也是觀光客最多的旺季。天氣晴朗的日子，歐洲地區白天的最高溫度，經常會超過攝氏30度以上，南歐地區甚至有可能逼近攝氏40度。因此在衣物的準備方面，一律以短袖為主，衣服最好每天替換。除此之外，太陽眼鏡、帽子或是遮陽功能的薄外衣都可以派上用場。最近幾年來，夾腳拖鞋在歐洲也非常流行，不妨準備一雙漂亮又好走的拖鞋，既方便攜帶又能趕上潮流。

冬天需要羽絨衣等夠保暖的外套

炎熱的夏季可以搭配無袖上衣、短褲及夾腳拖

春秋兩季,以薄外套搭配T恤就已經足夠

冬季(約-10～5°C)

　　歐洲冬天室內都會開暖氣,最好是以洋蔥式的穿法,穿脫比較方便。例如先穿內衣,外頭搭配長袖上衣,再加針織毛衣或是薄外套,最後披上大衣類的厚外套,這樣差不多就能應付寒冷的冬天了。如果你是屬於非常怕冷的人,在長褲裡面多穿一條保暖衛生褲,保證讓你完全感受不到寒意。進到室內之後,你只需要脫掉厚(薄)外套即可,不用擔心會脫不完。

　　由於冬天的外套偏暗色系居多,愛美的人可依自己的喜好搭配色彩鮮豔的絲巾、圍巾、披肩等配件做變化,更別忘了帽子和手套喲。保暖外套的選擇性,可以分為大衣和羽絨衣兩大類,若是你的體態屬於身材矮小型,盡量不要穿長大衣,因為那樣看起來並不太美觀。通常準備1～2件厚外套就非常足夠,否則會太占行李箱的空間。

如何清洗衣服

　　除了大城市之外,歐洲的自助洗衣店並不多。少數的青年旅館或是民宿會提供洗衣機使用,不過通常需要額外付費;4～5星級的旅館也有代客洗衣的服務,可是索價昂貴,非必要時不建議交給旅館送洗。最簡便的方式,就是自己手洗。

　　倘若想要自己洗衣服的人,那麼洗貼身的內衣褲就好,洗太多不但沒地方晾,太厚重的衣服也不容易乾。大家不妨用小瓶子裝些洗衣精(粉)帶去,利用洗澡的時間順手洗衣服,然後掛在浴室內或是鋪在桌椅把手處。因為歐洲天氣乾燥,天氣好的話通常一天就會乾了,但若遇到下雨天可能沒辦法隔天乾。

　　歐洲旅館的浴室內,通常會有一個銀色看起來像警鈴的裝置,其實這就是設計給旅客晾衣服用的,你只要把它輕輕拉開,就是一條可以晾衣服的細繩了。如果是冬天,歐洲浴室或是房間內會有暖氣管,把洗好的衣物晾在那上面,比較容易乾(如果是電暖氣則不能放置濕衣服)。提醒各位,多數歐洲國家的民眾不會把衣服高吊在陽台或是窗台上,所以請千萬不要破壞他們居住環境的美觀。

歐洲旅館內可以晾衣服的小繩裝置

尋找住宿的地方

歐洲的住宿，可以依價位的高低約略分為幾個等級，青年旅館(Hostel)、民宿(B&B)、普通旅館和高級飯店。每種型態的房間會依照不同國家的物價水準而異，你可以視自己的預算及需求來決定。尋找適當的住宿地點，絕對是安排自助旅遊最耗費時間的一項任務，相信只要你肯花點心思去搜索，一定能找到便宜又滿意的住宿環境。

聰明住宿法則

搭乘公共交通工具的旅人，在尋找住宿地點時，最好選擇離火(公)車站步行能抵達的住所，大約走路15分鐘內都算可以接受的範圍。開車者，則以方便停車為首要的考慮因素。另外還要考慮附近的生活機能，如用餐和上超市的方便性，也是列為選擇住宿的考量條件，網路上都有住過客人之評價可供參考。

每天打包行李和拉行李找住宿是很累人的，因此找一個城市定點住宿，在車程2小時左右可抵達的城市之間，做放射狀的旅行是比較聰明的方法。特別是使用各國火車交通票券下，大可不需要考慮每天通車的費用。歐洲的鐵路網密集，風景又優美，坐火車其實也是一種眼睛的旅行，還可以趁機讓身體休息。

到了當地再找住宿

到當地再找住宿的優點是機動性較高，遇到喜歡的城市可以多停留幾天，沒感覺的城市就提早離開。通常抵達該地之後，前往旅遊中心(Information Center)詢問相關的住宿資訊，將預算及需求告知服務人員，他們都會推薦適合條件的住宿，甚至還提供免費的代訂服務。

規模較小的城市，可能只有像布告欄般的住宿地圖或標示牌。你自認是膽子夠大的人，不妨漫步在大街小巷，看看是否有掛出「Vacancy」或「Zimmer」(德文的房間)的標示，這些是代表有提供房間出租的民宿。現場訂房的好處是可以要求先參觀房間，偶爾會有挖到寶的感覺。在非旺季以及當地沒有重要節慶時，比較容易會有空房間。

我知道很多人崇尚隨性的旅行，玩到哪裡就住到哪裡，不過像這樣沒有計畫的旅遊方式，容易為自己添加麻煩。如果你有開車，或許這種抵達當地再找住宿的模式還行得通，畢竟開車在街上繞來繞去找旅館也不是太累。若是搭乘火車旅遊，玩了一整天下來，還要背著大包小包走在街頭尋覓投宿的地方，可是會讓人抓狂的。萬一運氣不好，有錢還不一定找得到房間住呢！記住一點，出門旅遊是來放鬆心情的，並不需要把自己搞得這麼累。

ibis是便宜又乾淨的連鎖旅館

5星級的高級飯店內部

要跟別人共用房間的青年旅館

有些火車站前會有當地的旅館資訊

事先訂房 強力推薦

街道上的旅館指標

以我的旅遊經驗,強烈建議大家行程確定之後就趕緊訂房吧。畢竟現在網路很方便,上網搜尋都有一堆資料及住客的評價,更何況便宜又優質的住宿環境每個人都搶著要,提早訂房絕對不會吃虧。

事先訂房有其他優點嗎?有!第一,網路訂房往往會比旅館原本的訂價便宜許多,多比較幾家訂房網站,更能找到理想的住宿地點。第二,訂好房間也就代表行程確定了,這樣按部就班地照規畫的行程走,才不會變成毫無目標的旅遊。

網路上找超值旅館小撇步

先決定價位

每個人都有不同的旅行預算,先估計自己每晚可以負擔的住宿費用之後,便開始上網搜尋旅館或民宿,超過能力範圍內的就完全不需要考慮了,這樣篩選過後就有初步的住宿名單。

選擇地點

既然手邊有幾家符合預算內的住宿可以選擇,那麼就要再考慮到地點是否方便,如果離市中心很遠或是交通不便利,那麼這些旅館也可以從名單內刪除。

看房間裝潢

經過上述的兩步驟後,應該只剩下幾處住宿來挑選,這時的地點及價位都已經符合自己的需求,再來就是取決房間的裝潢。通常網路上都會有房間的照片、住宿客人的評價可以提供參考。

附加價值

最後還要列入考量的,就是其他的服務設施,例如是否包括早餐、是否提供免費的網路等等。

網路訂房優點

1. 提供電子報訂閱,有優惠可以第一手得知。
2. 網頁上有住過客人評價可參考。
3. 不管在那一個網站下訂,下訂前務必閱讀相關條款了解各相關費用。

生活篇

搞定食衣住的問題

上網比價訂房

 www.skyscanner.net

Skyscanner是目前最夯的「旅館」及「機票」比價系統，直接從網站或是下載手機的應用程式後，輸入日期及地點，就會依序列出當地旅館的價位，再依照自己的預算及條件去挑選即可。當你找到理想的飯店點進去，系統會自動連結到其他訂房網站的相關資料。

決定要訂房之前，務必先閱讀訂房及取消的條款說明，因為很多優惠價格有不能取消或更改訂房的限制。所以使用Skyscanner便能省去前往各訂房網站比價的時間。但是Skyscanner只會聯繫到其他的訂房網站，有時飯店本身就有促銷活動，不妨再看看旅館本身的官網，說不定也能撿到便宜。

下訂成功後，有些網站會立刻從信用卡扣款，你也會收到訂房網站發送的電子郵件確認信。請務必保留這封信，並列印出來。至於民宿的話，大多數沒有提供網路直接訂房的功能，需直接寫信去詢問民宿老闆，或是上當地的旅遊局官網，通常會有官方的推薦連結，甚至請旅遊局代為詢問。歐美國家因為時差的關係，有時候等候2～3天才回信是常有狀況。

不管是訂了飯店、青年旅館或民宿，訂房回覆的確認信最好列印下來帶在身上。在入境歐洲時，若遇海關要求提供住宿資訊，就能馬上秀出證明。另一方面，在辦理住宿手續時，萬一對方找不到相關資料，也可以提供紙本的訂房資訊，以保障自身的權益。

訂房網站介紹

Booking

 www.booking.com

大多數飯店預訂是不收訂金，僅入住日前幾天取消才要開始收部分費用，越靠近入住日取消費用愈高。有些飯店則是下訂時就收取全部費用，如事後取消訂房是不退訂的。

Agoda

 www.agoda.com

Agoda是世界上知名的訂房網站之一，經常推出促銷方案，還可以累積消費金，於訂房時折抵優惠。

Hostelworld

 www.hostelworld.com

這是介紹各地hostel的訂房網站，想省錢住青年旅館的可由這網站預訂。訂購時需付10～15%的訂金及及預訂費，約為2美元。

其他訂房網

 www.airbnb.com.tw

 www.galahotels.com
 zh.hotels.com

 www.eurobookings.com
 www.yeego.com

通訊聯繫和人身安全

出門旅行最讓人擔心的就是治安問題。歐洲這麼多國家，治安環境可說是良莠不齊，任何國家都沒有絕對安全或是絕對危險的地方，所以遊客們要隨時注意自己的財物，以不變應萬變。當然，不論身在何處，千萬別忘記跟親友報個平安！

威尼斯的聖馬可廣場

用手機和網路來聯絡

使用手機通訊

現在只要攜帶手機出國（易付卡除外），不需要特別申請任何手續，就會自動轉成國際漫遊的服務。當然國際漫遊的通話費很貴，除非是緊急事件，所以在國外使用台灣的門號，不論是撥打者或是接聽者，需盡量長話短說。

另一種省錢的方式是傳簡訊，比打電話相對便宜。現在幾乎人人都有智慧型手機，網路的通訊軟體很發達，只要透過網路撥打 Line 或是 Skype，就不會花費任何費用，是簡易又省錢的最佳途徑。因此來到歐洲旅遊，不妨考慮買當地的上網型易付卡。一般來說，街上看到的手機通訊行或是特約的商店都有販售。

使用網路通訊

歐洲國家的網路都相當普及，因此在尋找住宿的時候，盡量找有提供免費無線網路的地方，這樣只需要攜帶智慧型手機、iPad、筆記型電腦等3C產品，每天回飯店就能上網了。不但方便跟親友保持聯繫，也不需要多花錢去購買網路的使用費。萬一出門在外，急需使用網路，不妨前往星巴克、麥當勞等連鎖速食店試試看，通常這一類的咖啡店或餐廳都會提供免費的無線網路。

除了購買當地的預付卡之外，很多人也會在台灣租借「網路分享器」，適合多人的小團體及多國旅遊的人。只要在出國前事先上網預約，服務業者便會把網路分享器宅配到家裡，或可選擇在機場的櫃檯領取。一台WiFi分享機器，最多可以供2～5人同時使用，尤其是針對跨國旅行的遊客，就不需要每一國都購買易付卡。不過要提醒大家一點，像高山、移動的火車上、隧道等地方，通訊本來就會比較差，這是正常的現象。

歐洲的公共電話

大城市裡，會在街上看見網咖的標示牌

郵局寄送

歐洲物價高，郵寄費用當然也是貴得嚇人。單純寄明信片的話，去書報攤、書局或是郵局等地方購買郵票，填寫完內容及收件人地址之後直接投遞郵筒就可以了，平均寄回台灣的郵資約在1歐元左右。

如果你想寄包裹，那就得先將物品以紙箱妥善地打包，然後拿去當地的郵局寄送。通常郵寄包裹必須同時填寫寄件人及收件人的姓名、地址、聯絡電話等資料，還要詳細地寫上包裹的價值(報關用)、內容物並簽名。

由於歐洲各國的郵政服務略為不同，郵寄所需的天數會因國家而異。因為郵資每年的漲幅不一定，詳細的資訊，請大家自行參考各國的郵政服務網頁。

國家	郵寄包裹費用(皆以經濟件計算)	網頁	送達天數
瑞士	10公斤約120瑞郎	www.post.ch	約2週左右可收到
德國	5公斤約39歐元	www.deutschepost.de	─
法國	5公斤約79.3歐元	www.laposte.fr	─
義大利	5公斤約76歐元	www.posteitaliane.it	約15~20天可收到
西班牙	5公斤約40歐元	www.correos.es	10天以上的工作天
英國	10公斤約170英磅	www.postoffice.co.uk	約50~60天

※資料時有異動請以最新公告為準　　　　　　　　　　　　　　　製表／蘇瑞銘(Ricky)

人身安全小心治安

歐洲哪些國家比較安全，適合自助旅行呢？在我們的刻板印象中，瑞士應該很安全吧？想必那些貧窮的東歐國家，治安應該很差囉！其實，根本沒有所謂絕對安全或是絕對危險的國家。出門在外，凡事小心謹慎，錢財盡量不要露白，自然就會減少意外的發生。

出外要避免的危險

避免夜深閒晃或擁擠地點

不論去哪一國家，火車站、地鐵站、市集等擠滿人潮的場所，總是要特別提高警覺。晚上尤其是天色變暗以後，盡量避免在街上或是人潮比較少的地方閒逛，因為許多意外都是在天黑之後發生的；反正歐洲的夏天9點多之後才天黑，並不會影響到旅遊的時間。

前往地鐵站或菜市場這種人擠人的地點，務必把背包或是袋子擺到自己的正前方，記得順便把拉鍊拉起來，這樣可以增加小偷下手的困難度。某些國家曾經發生自稱是警察的壞人，佯裝檢查證件及皮包，實際上卻是趁機偷東西。遇到這種情況，你可以要求對方出示證件，看不出證件是真是假，可請路人或是走進店家，或是請附近店家的人幫忙確認。正常來說，警察很少會在路上將行人攔下來盤查的！

人潮多的地方一定要多留心自己的財物

上下車時要特別注意隨身財物

生活篇

通訊聯繫和人身安全

不要成為竊賊的目標

出門旅遊，打扮以簡單樸素就好，盡量不要背名牌包包、戴名錶、全身金光閃閃地出門，以免成為宵小眼中的肥羊。前往餐廳吃飯或喝咖啡時，背包要放在眼睛所能看到之處，不然很容易被有心人士盯上。當需要使用現金的時候，最好進到店裡再拿出皮包，不要在馬路上大剌剌地將鈔票露白。畢竟搶走財物事小，萬一搶奪過程中發生受傷狀況就不好了。至於單獨旅遊的女性，可以隨身準備一些防身的用品如哨子、手電筒，萬一遇到突發狀況，吹哨子有嚇阻作用，還能引起路人關心。

無論好壞都得防範

治安差的國家眼睛要放亮

西班牙、義大利及巴爾幹半島是眾所皆知治安較差的國家，尤其是在繁忙的大城市，不論是熱門的觀光景點還是火車站，都是吸引小偷聚集的地方。像這些國家因為外來的人口複雜，犯罪者往往將目標鎖定在外國觀光客身上，所以女生盡量避免單獨前往。現在歐洲的申根國家之間，海關檢查比較沒那麼嚴格，一些北非及東歐落後國家人民更容易入境，因而治安沒有以前好。

通常在上下車的時候，身邊突然有人推擠的現象，以及在觀光景點有陌生人前來搭訕，都要特別提高警覺。也會有小偷假扮成觀光客，佯裝正在看地圖問路，讓你卸下心防，其實是藉機行竊。手法高明一點的小偷，都是集體犯案，所以出門在外眼睛一定要放亮。

治安好的國家也要注意

瑞士、北歐算是治安比較好的地區，不過就像先前說的，治安再好的國家還是會有不良分子的存在。記住一個原則，人潮多、觀光客多的地方，就要特別提高警覺。不管是治安的好壞，把錢分開放，分散風險，絕對是最好的選擇。依我的經驗，每天身上只帶一天份的費用，其他的重要財物就鎖在旅館的行李或保險箱內，畢竟這樣會比帶出門安全。

如果你還是不放心，一定要將全部的財物隨身攜帶，那可以去購買隱藏旅行腰包，把錢及護照貼身式地繫在腹部，女生為了美觀可在扣好後，將內袋轉到臀部。這樣小偷得伸到褲腰處才偷得到，技術上有困難，若運氣不好包包被扒或被搶，至少大多數的錢和備用信用卡及最重要的護照都還在。

萬一護照及信用卡不幸遺失時，記得要馬上去當地的警局報案，索取證明，以便申請補發。出發前可以掃描護照、旅行支票等重要資料備分，能加速補發的速度。

觀光篇
Sightseeing

精挑細玩，出發吧

瑞本篇裡挑選了各國的精華景點，讓大家約略地瞭解歐洲有哪些非去不可
的地方。由於只是簡扼地介紹，所以各位出門旅行時，千萬別忘了再查閱
相關書籍，做好功課再出門！

倫敦計程車

英國

行程規畫參考
P18、P62

牛津 Oxford

英國第一所大學牛津大學的所在地，至今仍保留著中世紀的樣貌，整個城市彌漫著濃濃的學術氣氛，也是愛麗絲夢遊仙境的起源地。

觀光重點：基督教會學院(Christ Church College)、摩頓學院(Merton College)、卡法克斯塔(Carfax Tower)、阿修摩雷安博物館(Ashmolean Museum)、牛津大學植物園(University of Oxford Botanic Garden)

巴斯 Bath

整個巴斯小鎮都被列入世界遺產，是英格蘭境內最優美的城市之一。景點集中，適合用雙腳漫步其中，感受濃濃的古城氣氛。

觀光重點：羅馬浴場(Roman Baths) 、巴斯修道院(Bath Abbey)、皇家新月樓(Royal Crescent)、普特尼橋(Pulteney Bridge)

倫敦 London

倫敦身為英國首都，匯集時尚、藝術、文化於一身，來自世界各地的民眾將它發揚為多元化的民族搖籃。泰晤士河從倫敦中部蜿蜒流過，將整個城市畫分為南北兩部分，南北兩岸皆有著名景點。

觀光重點：白金漢宮(Backingham Palace)、西敏寺(Westminster Abbey)、大笨鐘(Big Ben)、國會大廈(Houses of Parliament)、倫敦眼(London Eye)、大英博物館(British Museum)、倫敦塔(Tower of London)、倫敦塔橋(Tower Bridge)

劍橋 Cambridge

劍橋是徐志摩筆下《再見康橋》的所在地，浪漫唯美的情境散發於每一個轉角，讓人忍不住駐足回首，這是一處充滿學術和浪漫氣息的城市。若看過《人間四月天》，更讓人有種彷彿走入徐志摩和林徽音那段相知相惜甜蜜但無疾而終戀情的時空。

觀光重點：國王學院(King's College)、三一學院(Trinity College)、聖約翰學院(St. John's College)、皇后學院(Queens' College)、康河撐篙(Punting)、聖瑪麗教堂(Great St. Mary's Church)

湖區 Lake District

湖區可說是英格蘭最美的天然景觀了，波光粼粼的湖泊、巍峨的高山、蔥鬱的森林山谷應有盡有，是喜歡戶外活動者的天堂。不論是湖邊漫步、登山健行、森林浴以及深谷溯溪，不妨以多樣化的選擇來貼近這美麗的國家公園。

觀光重點：Orrest Head、波尼斯(Bowness)、格拉斯米亞(Grasmere)、凱斯維克(Keswick)、溫德米亞(Windermere)

倫敦景點資訊

- 白金漢宮 www.royal.gov.uk
- 聖詹姆士公園 www.royalparks.org.uk/
- 西敏寺 www.westminster-abbey.org
- 國會大廈 www.parliament.uk
- 大笨鐘 bigbangdata.somersethouse.org.uk
- 柯芬園 www.covent-garden.co.uk
- 蘇活區 wikitravel.org/en/London/Soho
- 倫敦眼 www.londoneye.com

- 倫敦塔橋 www.towerbridge.org.uk
- 市政廳 www.london.gov.uk
- 泰特現代美術館 www.tate.org.uk
- 國家藝廊 www.nationalgallery.org.uk
- 萊斯特廣場 www.londontheatre.co.uk
- 特拉法加廣場 www.nationalgallery.org.uk
- 海斯商場 www.ballsbrothers.co.uk/hays-galleria/home/

- 大英博物館 www.britishmuseum.org
- 貝爾法特軍艦 www.hmsbelfasttours.org.uk
- 莎士比亞環球劇場 www.shakespearesglobe.com

倫敦眼

倫敦塔橋的夜景

約克 York

約克，保存完整的中世紀街道和建築，雖是英格蘭僅次於倫敦最多觀光客造訪的城市，但是漫步其中卻仍然是輕鬆寫意，彷彿穿越時光回到中世紀一般。

觀光重點：約克大教堂(York Minster)、肉舖街(Shambles)、城牆(The Walls)、約維克維京中心(JORVIK Viking Centre)、克利福德塔(Clifford's Tower)

愛丁堡 Edinburgh

愛丁堡是進入蘇格蘭的門戶，也是蘇格蘭首府。景點大多集中在舊城區，悠閒探訪舊城之後，再到新城區享受血拼樂趣。跟蘇格蘭人聊天時可千萬別把他們和英格蘭相提並論，那會引來他們長篇大論的。

觀光重點：愛丁堡城堡(Edinburgh Castle)、皇家哩大道(Royal Mile)、聖吉爾斯大教堂(St Giles' Cathedral)、蘇格蘭國家美術館(National Gallery of Scotland)、王子街(Princess Street)、卡爾頓丘(Calton Hill)

史特林 Stirling

史特林保留著許多古老且歷史悠久的建築，是蘇格蘭重要觀光景點之一。居高臨下的史特林城堡不僅內部很值得花時間慢慢品味，更是個可從城堡不同角度眺望這寧靜古老小鎮的好地點。

觀光重點：史特林城堡(Stirling Castle)、聖路德教堂(Church of the Holy Rude)、馬爾的牆(Mar's Wark)、史特林橋(Stirling Bridge)

羅曼湖
Loch Lomond

羅曼湖是英國最大淡水湖泊，知名度僅次於尼斯湖。找條健行步道一邊吸收芬多精，一邊欣賞不同角度的湖景，真是湖光山色美不勝收呢！也可搭船遊湖，更加貼近羅曼湖感受浪漫氣息。

觀光重點：露絲小鎮(Luss)、托撒契國家公園(Trossachs National Park)

倫敦的千禧橋

尼斯湖 Loch Ness

尼斯湖位於高地之中，因為尼斯湖水怪而聲名大噪，知名度遠高於高地之上。湖邊小鎮很有鄉村風情。別忘了搭船遊湖，看是否也能發現尼斯水怪的蹤跡。

觀光重點：烏卡哈特厄克特城堡(Urquhart Castle)、尼斯湖展示中心(Loch Ness Exhibition Centre)

香榭麗舍大道(攝影／Lilian)

巴黎歌劇院(攝影／Jean)

宛如童話小鎮的科瑪(Colmar)

法國

行程規畫參考
P23、P66、P69

巴黎 Paris

提到法國必定想到花都巴黎，這是每個女人夢想中的浪漫城市。市中心被塞納河區隔為左岸和右岸，在左岸喝咖啡感受巴黎的人文氣息，或在香榭麗舍大道露天咖啡座浪漫一下吧！晚上搭船遊塞納河更是不可錯過的活動。

觀光重點：香榭麗舍大道(Avenue des Champs-Élysées)、凱旋門(Arc de Triomphe)、羅浮宮(Musée du Louvre)、巴黎鐵塔(Tour Eiffel)

杜爾 Tours

杜爾曾經是法國的首都，如今為前往羅亞爾河地區城堡遊玩的起點，可住宿在此做定點放射性的玩法。順便留些時間品味由中古世紀建造之木骨建築所包圍的舊城區。

觀光重點：雪儂梭城堡(Chenonceaux)、香波堡(Charmbord)、龍爵堡(Langeais)

史特拉斯堡 Strasbourg

史特拉斯堡為法國東北部的第一大城，位於德法邊境，由於曾被德國統治過，因此仍保有許多德國文化色彩，有種置身德國的錯覺。若是在冬天造訪此地，絕對不能錯過為期一個月的聖誕市集。

觀光重點：聖母院大教堂(Cathédrale Notre Dame)、教堂旁邊的房舍(Maison Kammerzell)、小法國區(Petit France)、庫維橋(Ponts Couverts)

科瑪 Colmar

科瑪是亞爾薩斯葡萄酒鄉的主要城市，也是亞爾薩斯省內極少數未受戰火摧殘的地方，因此仍然存留著文藝復興時代的街景。南邊的運河沿岸有小威尼斯之稱，是不可錯過的浪漫景色。

觀光重點：聖馬丁大教堂(La Collégiale Saint-Martin)、小威尼斯(Petite Venise)、舊城區(Vieille Ville)

巴黎景點資訊

- 紅磨坊 www.moulinrouge.fr
- 拉德芳斯 www.grandearche.com
- 遊塞納河 www.bateaux-mouches.fr
- 凡爾賽宮 www.chateauversailles.fr
- 市政廳 www.paris.fr
- 聖母院 www.notredamedeparis.fr
- 萬神殿 www.pantheonparis.com
- 奧塞美術館 www.musee-orsay.fr
- 巴黎鐵塔 www.tour-eiffel.fr
- 大皇宮 www.grandpalais.fr
- 羅浮宮 www.louvre.fr
- 凱旋門 www.monuments-nationaux.fr
- 香榭麗舍大道 www.champselysees.org
- 磊薩商場 www.forumdeshalles.com
- 龐畢度中心 www.centrepompidou.fr
- 聖心堂 www.sacre-coeur-montmartre.com
- 楓丹白露宮 www.musee-chateau-fontainebleau.fr
- 迪士尼樂園 www.disneylandparis.com

塞納河(攝影／Lilian)

亞維農 Avignon

聞名遐邇的亞維農,是南法普羅旺斯區最熱鬧的城市之一。走出中央車站即看見被古城牆給包圍的城市,充滿著中世紀的氛圍,非常適合漫步來細細品味。

觀光重點:教皇宮(Palais des Papes)、斷橋(Pont St-Bénezét)、嘉德水道橋(Pont du Gard)或是郊區的薰衣草田

馬賽 Marseille

馬賽是法國第二大城,自古以來便是地中海沿岸重要的海港,是電影《終極殺陣(Taxi)》系列拍攝的場景。位於馬賽外海的伊芙島,是小說《基度山恩仇記》的場景之一,可以藉由島上城堡懷想小說裡的情節,這裡也是眺望整個馬賽港最佳視野的地方。

觀光重點:伊芙島(Ile d'If)、舊港(Vieux Port)、聖母院教堂(Basilique Notre Dame de la Garde)

尼斯 Nice

尼斯是蔚藍海岸的中心,是由希臘人所建造的濱海城市,長久以來一直是地中海沿岸熱門的度假勝地,每年都吸引無數的觀光客前來享受這片碧海藍天的地中海風情。

觀光重點:英國人散步大道(Promenade des Anglais)、舊城區(Vieille Ville)

坎城 Cannes

光聽到坎城這地方,馬上讓人聯想到的是星光閃閃的影展會場。除了5月時將世界各地知名巨星齊聚在此,整個年頭也都被觀光客充斥的高級度假勝地。很難想像19世紀前這裡只是個純樸的小漁村。

觀光重點:節慶宮(Palais des Festival et des Congrés)、蘇給區(Le Suquet)、克羅瓦塞特大道(Boulevard de la Croisette)

春天百貨前的裝飾(攝影/Jean)

位於亞維農附近的嘉德水橋(Pont du Gard)

義大利

行程規畫參考
P31、P71

羅馬的西班牙廣場

羅馬 Roma

羅馬市區的古蹟幸運地逃過二
次世界大戰的波及,市中心仍
保存相當豐富的文藝復興與巴
洛克風貌,整個城市彷彿是個
巨大的博物館。世界上最小的
獨立國家梵蒂岡也位於此地。

觀光重點:圓形競技場(Colosseo)、君
士坦丁凱旋門(Arco di Constantino)、古
希臘聖母教堂(Chiesa di Santa Maria in
Cosmedin)、許願池(Fontana di Trevi)、
萬神殿(Pantheon)、西班牙廣場(Piazza di
Spagna)、梵蒂岡(Citta del Vaticano)

佛羅倫斯 Firenze

佛羅倫斯是文藝復興之都,耀
眼美麗的藝術城市,充滿著人
文氣息。擁有許許多多的歷史
建築以及收藏豐富的博物館。

觀光重點:聖羅倫佐教堂(San Lorenzo)、
聖母百花大教堂(Cattedrale di Santa Maria
del Fiore)、藝術學院美術館(Galleria
dell'Accademia)、領主廣場(Piazza della
Signoria)、舊橋(Ponte Vecchio)、碧提宮
(Palazzo Pitti)

比薩 Pisa

比薩最著名的景點,就是令人
印象深刻的比薩斜塔,這個斜
塔因為地質的緣故而呈現傾斜
的狀態,而且不單只是斜塔,
附近的教堂及許多建築物也都
稍微產生點斜度,是非常有趣
的城市。

觀光重點:神蹟廣場(Piazza dei Miracoli)
、比薩斜塔(Torre pendente)、大教堂
(Duomo)

西恩納 Siena

位於托斯卡尼的西恩納,是一
處被列為世界遺產的中世紀小
鎮,市區林立著文藝復興時期
的樓房建築,彷彿是一座藝術
瑰寶。

觀光重點:康波廣場(Piazza del Campo)、
共和國宮(Palazzo Pubblica)、大教堂
(Duomo)

維洛那 Verona

維洛那是戲劇《羅密歐與茱麗
葉》的故鄉。市區裡至今仍保
存著羅馬帝國時代、中世紀以
及文藝復興時期等眾多的文化
古蹟。

觀光重點:圓形技場(Arena)、茱麗葉之
家(Casa de Guilietta)

羅馬景點資訊

- 圓形競技場 www.coopculture.it
- 羅馬議事廣場 www.coopculture.it
- 帕拉提諾之丘 www.coopculture.it
- 帝國議事廣場 www.capitolium.org
- 國立羅馬博物館 www.roma2000.it
- 梵蒂岡 www.vatican.va
- 卡皮托里尼博物館
  www.museicapitolini.org
- 波格塞美術館
  www.galleriaborghese.it
- 概念聖母瑪麗亞教堂
  www.cappucciniviaveneto.it

威尼斯 Venezia

「水都」是大家對於威尼斯的第一印象。在這個沒有車只有船的浪漫城市裡，只有數不盡的橋梁和河道。搭乘貢多拉、聆聽船夫的美妙歌聲在運河中穿梭，是不可錯過的浪漫體驗。

觀光重點：聖馬可廣場(Piazza San Marco)、聖馬可大教堂(Basilica di San Marco)、雷雅多橋(Ponte di Rialto)

米蘭 Milano

米蘭是義大利的第二大城，也是風靡全球的時尚之都。琳瑯滿目的精品店，往往令遊客們目不暇給。除了大教堂周邊的景點之外，達文西《最後的晚餐》也是值得參觀的重點。

觀光重點：米蘭大教堂(Duomo)、艾曼紐二世拱廊(Galleria Vitorio Emanuele II)、感恩聖母教堂(Santa Maria delle Grazie)

維洛那的圓形競技場

米蘭大教堂

威尼斯

西班牙

行程規畫參考
P43、P64

巴塞隆納的米拉之家

馬德里 Madrid

西班牙的首都馬德里，擁有現代化設施和數不盡的藝術遺產，是一處集合現代與藝術的都市。到處林立美術館和博物館，對於愛好藝術的人是不可錯過的藝術之都。

觀光重點：太陽門廣場(La Puerta del Sol)、馬德里廣場(Plaza Mayor)、馬德里皇宮(Palacio Real)、國立普拉多美術館(Museo Nacional del Prado)、提森·波尼米薩博物館(Museo Thyssen-Bornemisza)、蘇菲亞王妃國家藝術中心(Museo Nacional Centro de Arte Reina Sofía)

塞哥維亞 Segovia

塞哥維亞保有歐洲最完整的羅馬時代遺跡一水道橋，是座中古世紀風格的山城小鎮。別忘了享用此地名菜烤乳豬。

觀光重點：羅馬水道橋(Acueducto Romano)、大教堂(Catedral)、阿爾卡薩堡(Alcázar)

托雷多 Toledo

鄰近馬德里的托雷多，曾為西班牙的首都，這座三面被河環繞的浪漫古城，舊城裡遍布狹隘的街道巷弄，有些甚至窄到陽光都很難照進去，只能藉由大教堂的高塔來確認方位。

觀光重點：大教堂(Catedral)、聖多美教堂(Iglesia de Santo Tom)、皇家聖胡安修道院(Monasterio de San Juan de los Reyes)

哥多華 Córdoba

哥多華的舊城區被列入世界遺產之林，市區裡偌大的清真寺，足以容納2萬多人，融合著回教和天主教的獨特建築，非常值得一看，漫步在蜿蜒的百花巷中別有一番風味。

觀光重點：清真寺(Mezquita)、小馬廣場(Plaza del Potro)、猶太人街(La Juderia)、阿爾卡薩堡(Alcázar)、百花巷(Calle de las Flores)

塞維亞 Sevilla

塞維亞是佛朗明哥舞的發源地。市區裡不但處處洋溢著熱情和繁榮的景象，還有許多被列為世界文化遺產的建築及獨特風格的街區。

觀光重點：大教堂與迴旋塔(Catedral/La Giralda)、聖十字區(Barrio de Santa Cruz)、阿爾卡薩堡(Alcázar)、塞維亞美術館(Museo de Bellas Artes)、西班牙廣場(Plaza de España)、美洲廣場(Plaza de América)

格拉納達 Granada

格拉納達位於內華達山脈山腳下，市區裡融合了穆斯林、猶太教和基督教風格的著名歷史古跡。穿梭在小巷弄間，可感受到散發著濃厚伊斯蘭風情文化氣息。

觀光重點：阿爾罕布拉宮(Palacio de la Alhambra)、皇家禮拜堂(Capilla Real)、大教堂(Catedral)、阿爾拜辛區(Barrio del Albaicín)

巴塞隆納 Barcelona

巴塞隆納是高第建築迷一生中一定要前去朝聖的藝術之都，他的作品幾乎都出現在這個大都市裡，多數都已經列入世界文化遺產，絕對值得花時間慢慢品味體會。

觀光重點：皇家廣場(Placa Reial)、聖約瑟市場(Mercat de Sant Josep)、大教堂(Catedral)、國王廣場(Placa del Rei)、畢卡索美術館(Museu Picasso)、加泰隆尼亞樂廳(Palau de la Música Catalana)、聖家堂(Temple de La Sagrada Familia)、米拉之家(Casa Milá)、奎爾公園(Parc Güell)、文生之家(Casa Vicens)、巴特婁之家(Casa Batlló)

馬德里的主廣場

蔬果市集

✚ 瑞士

行程規畫參考
P75

蘇黎世 Zürich

曾經好幾年榮膺世界上最適合人們居住城市的榜首，蘇黎世是瑞士的第一大城兼金融重鎮，滿街盡是典雅古色的樓房，流露著上流社會的高貴氣息，是既繁華熱鬧卻不會讓人覺得有壓力的大都會。

觀光重點：班霍夫大道(Bahnhofstrasse)、林登霍夫(Lindenhof)、大教堂(Grossmünster)、Niederdorf老街、蘇黎士湖(Zürichsee)

琉森 Luzern

琉森總是吸引了各國觀光客前來朝聖，這個坐落於琉森湖畔的城市，從舊城區房屋外牆精美的壁畫、歐洲最古老木橋一卡貝爾橋以及恬靜優雅的琉森湖，都值得花時間細細品味。

觀光重點：卡貝爾橋(Kapellbrücke)、舊城區(Altstadt)、獅子紀念碑(Löwendenkmal)、冰河公園(Gletschergarten)

利基山 Rigi

利基山，拉丁原文Regina Montium為山巒皇后之意。由山頂眺望琉森湖，浩瀚廣闊的湖光山色盡收眼底。

皮拉圖斯山 Pilatus

皮拉圖斯山是一處傳說曾經有龍和精靈們居住過的地區，非常適合在山區裡悠閒的健行。從山上可眺望多達77座山，美麗壯觀的景色絕對會讓你歎為觀止！

茵特拉肯 Interlaken

茵特拉肯位處圖恩湖和布里恩茨湖兩湖之間，又是前往少女峰的必經之地，因此稱它為少女峰的門戶一點也不為過。

少女峰 Jungfrau

少女峰有歐洲之巔的美稱。在這終年積雪的山區，不管是在山區健行或是利用登山火車和纜車到各景點遊覽，都是絕美的享受。

觀光重點：小雪德格(Kleine Scheidegg)、史芬克斯景觀大廳(Sphinx Terrace)、冰宮(Ice Palace)

瑞士冬日雪景

停滿遊艇的湖畔

馬特洪鋒

格林德瓦
Grindelwald

連綿起伏的翠綠山坡地和田園風光，零星散落著一間間小木屋，如果你想欣賞這最經典的瑞士景色，來一趟格林德瓦就對了，這裡可是有世界上最美麗的村莊之稱。

觀光重點：上格林德瓦冰河(Oberer Grindelwald Gletscher)、冰河峽谷(Gletscher Schlucht)

策馬特 Zermatt

位於馬特洪峰山腳下的策馬特，一年四季都是觀光的熱鬧季節，大家都是衝著馬特洪峰慕名而來。這個恬靜的山區小鎮，為了要維持空氣清新並保護環境，禁止一般汽車進入。

觀光重點：利菲爾湖(Riffelsee)、葛內拉特景觀台(Gornergrat)、小馬特洪峰(Klein Matterhorn)

貝林佐那 Bellinzona

貝林佐那是一處充滿著義式風情的小鎮，雖是個不大的小鎮，但卻坐擁3座列為世界遺產的城堡。雙腳和悠閒的心是探索這個城市最好的工具。

觀光重點：大城堡(Castel Grande)、蒙特貝羅(Casgello di Montebello)、沙索柯巴洛城堡(Castello di Sasso Corbaro)

羅卡諾 Locarno

地中海型氣候加上浪漫的義式風情，造就羅卡諾成為瑞士熱門的度假勝地。如果時間及預算足夠，不妨考慮搭乘纜車前往山上的Cardada，鳥瞰整個羅卡諾和湖畔的景觀。

觀光重點：大廣場(Piazza Grande)、瑪丹那·沙索教堂(Santuario della Madonna del Sasso)、馬嬌雷湖(Lago Maggiore)、卡兒答達(Cardada)

盧加諾 Lugano

盧加諾是瑞士南部的金融重鎮，位於盧加諾湖旁，群山環繞。舊城區盡是高低起伏的小巷道，穿梭其中樂趣無窮。如果你喜歡名牌商品，更是不能錯過附近的outlet，Fox Town。

觀光重點：大教堂(Cattedrale di San Lorenzo)、利弗馬廣場(Piazza della Riforma)、盧加諾湖(Lago Di Lugano)

Bellinzona城堡

德國

行程規畫參考
P58、P60

法蘭克福 Frankfurt

法蘭克福位於歐洲的心臟地帶，是前往德國旅遊或經商的必經之地，也可說是進入德國重要門戶。是個融合了傳統與現代，貿易與文化，忙碌和悠閒的大都市。

觀光重點：歌德故居(Goethehaus)、保羅教堂(Paulskirche)、羅馬貝格廣場(Römerberg)、河岸博物館區(Museumsufer)、銀行區(Bankenviertel)

海德堡 Heidelberg

海德堡是德國最古老的大學城之一，歌德更曾在卡爾西奧多德橋畔驚歎：「我在這裡所看見的，真是個美麗的新世界啊！」每年吸引近300萬遊客前來感受這充滿文學和藝術氣息的古城。

觀光重點：豪浦特街(Hauptstrasse)、聖靈大教堂 (Heiliggeistkirche)、海德堡城堡(Heidelberger Schlosses)、海德堡大學(Universität Heidelberg)、卡爾西奧多德橋(Karl Theodor Brücke)、哲學之道(Philosophenweg)

許坦瑙 Steinau

許坦瑙為童話大道上的小城鎮，格林兄弟在這裡度過童年時光。小鎮被青翠的群山所環繞，還有河流從中間流過，真的就像是格林童話故事的場景重現。

觀光重點：許坦瑙城堡(Schloss Steinau)、許坦瑙博物館(Museum Steinau)、童話之家博物館(Brüder Grimm-Haus/Amtshaus)、木偶劇場(Marionettentheater)

伍茲堡 Würzburg

伍茲堡是羅曼蒂克大道起點城市，充滿巴洛克風格的古老城市，交通便利、購物飲食都很方便。葡萄園區就坐落在美茵河畔兩旁，由瑪麗安堡要塞居高臨下眺望彷彿栩栩如生的油畫美景，除此之外，還能把舊城區美景盡收眼底。

觀光重點：主教宮殿(Residenz)、大教堂(Dom)、舊美茵橋（Altes Mainbrücke）、瑪麗安堡要塞(Festung Marienberg)

班堡 Bamberg

班堡坐落於巴伐利亞美茵河和多瑙河的交匯處，並且位處7座山丘之上，形成自然天成的河岸都城，是極少數沒有在二次大戰遭受砲火摧毀，仍然保留完整古城風貌的城市之一，難怪整個舊城區都被列入世界遺產。

觀光重點：舊市政廳(Altes Rathaus)、大教堂(Dom)、舊宮殿(Altes Hofhaltung)、新宮殿(Neue Residenz)、聖麥可大教堂(St.Michaelkirche)、小威尼斯地區(Klein Venedig)

羅騰堡 Rothenburg ob der Tauber

羅騰堡位處羅曼蒂克大道和城堡大道交接處，充滿著中世紀風情的街景和建築，彷彿穿越時空回到中世紀一般，是德國所有城市中，保存中古世紀城市風貌最完整的地方，也是最富有浪漫情調的城市。

觀光重點：市政廳(Rathaus)與市議會飲酒廳(Ratstrinkstube)、凱西沃爾法特(Käthe Wohlfahrt)之耶誕節博物館、中世紀犯罪博物館(Mittelalterliches Kriminalmuseum)、聖雅各教堂(St.-Jakobs-Kirche)、城堡花園(Burggarten)、小普勒恩(Plönlein)、羅得城門(Rödertor)

米登華德 Mittenwald

米登華德是小提琴產業發達之小鎮。位於山腳下，街道優美，充滿著濕壁畫。市區就有登山纜車可前往2千多公尺的山區。

觀光重點：奧伯市集(Obermarkt)、小提琴博物館(Geignbaumuseum)、卡溫德爾山(Karwendel)

海德堡古橋旁，手持鏡子的猿猴

羅騰堡知名之聖誕禮品店

紐倫堡 Nürnberg

紐倫堡是德國著名的工藝都市，中古世紀時便有上千位的金、銅飾工匠聚集於此。獨特的風光，再加上文化氣息濃厚，形成了古典雅致的景觀，而且這裡還是文藝復興時期德國名畫家杜勒(Albrecht Durer)的故鄉。若12月來到這裡，千萬別錯過德國最有名也最大的耶誕市集。

觀光重點：工匠廣場(Handwerkerhof)、美之泉(Schöner Brunnen)、劊子手橋與葡萄酒之家(Henkersteg und Weinstadel)、凱撒堡(Kaiserburg)、杜勒故居(Dürerhaus)、玩具博物館(Spielzeugmuseum)

富森 Füssen

富森是羅曼蒂克大道南邊的終點城市，匯集山林、湖泊與和緩山坡等多元化的風景，交織出一幅迷人的景色。由於這裡是前往新舊天鵝堡、威斯教堂的理想出發地，所以也是遊客們的必經之途。

觀光重點：萊興大街Reichenstraße、羅曼蒂克大道終點之門(Ende der Romantischen Straße)、新天鵝堡(Schloss Neuschwanstein)、舊天鵝堡(Schloss Hohenschwangau)、坦格堡山(Tegelberg)、威斯教堂(Wieskirche)

加米施—帕騰科奇 Garmisch Partenkirchen

加米施—帕騰科奇，以車站為中心分為加米施、帕騰科奇2個城市，為了迎接1936年的冬季奧運而合併。以德國第一高峰楚格峰的登山口而聞名，附近還有阿爾卑斯山峰及萬克山等，夏天登山，冬天滑雪。

觀光重點：艾伯湖(Eibsee)、楚格峰(Zugspitze)、阿爾卑斯山峰(Alpspitze)

新天鵝堡(攝影／Lilian)

慕尼黑 München

慕尼黑為巴伐利亞州的首府，也是德國第三大都市。巴洛克和現代建築混合之國際化大都市，每年9月開始的啤酒節更是吸引世界各地超過600萬的觀光客，爭先前來感受那獨一無二的熱鬧氣氛。

觀光重點：瑪麗安廣場(Marienplatz)、新市政廳(Neues Rathaus)、英國花園(Englischer Garten)、老繪畫陳列館(Alte Pinakothek)、新繪畫陳列館(Neue Pinakothek)、紐芬堡皇宮(Schloss Nymphenburg)、BMW博物館(BMW Museum)

上阿默高 Oberammergau

上阿默高，以其濕壁畫、木雕和耶穌受難劇而聞名於世。許多民宅的牆面上皆有童話或宗教故事的濕壁畫。德國最有名的木雕學校也位於此。

觀光重點：朵夫街(Dorfstrasse)、上阿默高博物館(Oberammergau Museum)、皮拉圖斯濕壁畫舍(Pilatushaus)

卡塞爾 Kassel

卡塞爾是童話大道的中心位置城市，也是德國的地理中心。經典童話白雪公主、灰姑娘及睡美人的故事出處即是在這一帶。遺憾的是二次世界大戰砲火摧毀了大部分市區，如今的樣貌是在戰後重建。

觀光重點：格林兄弟博物館(Brüder-Grimm-Museum)、威廉高地宮殿公園(Bergpark Wilhelmshöhe)

哥廷根 Göttingen

充滿著傳統特色的大學城—哥廷根，名列德國四大大學城之一，格林兄弟曾經在此執過教鞭。布滿行人徒步區的街道，非常適合用雙腳漫步其中，體驗形形色色的小酒館與街頭咖啡館。

觀光重點：聖雅各教堂(St. Jacobikirche)、聖約翰尼斯教堂(St. Johanniskirche)、鵝公主噴泉(Gänselieselbrunnen)、老植物園(Alter Botanischer Garten)、哥廷根大學(Universität Göttingen)

哈瑙 Hanau

哈瑙是格林兄弟的出生之地，也是童話大道的起點城市。每年5～7月是菲利浦斯魯爾堡的格林兄弟童話節，以露天舞台為背景的演出活動。

觀光重點：格林兄弟紀念雕像(Brüder-Grimm-Denkmal)、福來海德廣場(Freiheitsplatz)、菲利浦斯魯爾堡(Schloss Philippsruhe)、金飾工藝博物館(Deutsches Goldschmiede Haus)

阿爾斯費爾特 Alsfeld

阿爾斯費爾特是童話故事小紅帽的故鄉。許許多多14世紀建造的典型傳統的半木造結構房屋至今仍保存完好，造型也非常特殊可愛，整座城市彷彿玩具城一般。

觀光重點：市政廳(Rathaus)、老葡萄酒屋(Weinhaus mit Pranger)、玩具博物館(Spielzeugmuseum)、阿爾斯費爾特童話屋(Märchenhaus)、婚禮廳(Hochzeitshaus)

歐博阿瑪高的小紅帽濕壁畫小屋

紐倫堡的美泉

馬堡 Marburg

馬堡是德國四大大學城之一，格林兄弟在此攻讀法律課程時，開始蒐集民間和童話故事相關素材。整個舊城區得循著緩坡拾級而上，兩旁則是一間間各具特色的古老民宅。走累了，喝杯咖啡再繼續挑戰吧！

觀光重點：伊莉莎白教堂(Elisabethkirche)、市集廣場(Marktplatz)、市政廳(Rathaus)、侯爵宮殿(Landgrafenschloss)、馬爾堡菲利普大學(Philipps-Universität Marburg)

哈美恩 Hameln

哈美恩小鎮以「捕鼠人」哈美恩因而聲名大噪，來到這個悠閒的小鎮，你只要跟著地上的老鼠腳印即能輕鬆逛完各景點，是個充滿美麗建築和中世紀風情的地方。

觀光重點：捕鼠人之家(Rattenfängerhaus)、婚禮之家(Hochzeitshaus)、捕鼠人哈美恩的野台戲-僅限夏季之週日中午(Rattenffängerhaus-Festspiele)、萊斯特宅(Leisthaus)、布根羅森街(Bungelosenstrasse)

不萊梅 Bremen

不萊梅是格林童話故事「城市音樂家」的地點，也是童話大道的終點城市。它不但是一處保留許多歷史建築的古城，還同時擁有現代化的購物長廊，可說是傳統文化與現代氣氛兼具的完美城市。

觀光重點：市集廣場(Markt Platz)，不達梅市政廳(Bremer Rathaus)、威悉堡(Weserburg)、布萊梅的音樂家(Bremer Stadtmusikanten)、海外城(Überseestadt)、施諾爾區 (Schnoorviertel)、伯特歇街(Böttcherstraße)

羅騰堡的小普勒恩

海德堡的穀物廣場

挪威

德國、挪威

奧斯陸 Oslo

奧斯陸是挪威的首都也是該國最大的城市，整個市區被峽灣、山巒和森林環繞著，不管是坐船遊峽灣，體驗小島風光或是徒步來趟挪威森林健行，都能輕鬆體驗自然風光。

觀光重點：卡爾約翰斯街(Karl Johans Gate)、皇宮(Det Kongelige Slott)、維格蘭雕刻公園(Vigelandsparken)、國立美術館(Nasjonalgalleriet)、奧斯陸大教堂(Oslo Domkirke)、國會大廈(Stortinget)、阿克胡斯城堡(Akershus Slott)、市政廳(Radhuset)、比格多區(Bygdoy)、Sognsvann (another forest)

卑爾根 Bergen

卑爾根是挪威第二大城，也是最大的海港城市，根據統計此地全年超過200天都在下雨。若說峽灣是北歐不能錯過的自然景觀，那卑爾根就是不能錯過的峽灣入口。整個城市沿峽灣和山而建，依山傍海、美不勝收。

觀光重點：布瑞金地區(Bryggen)、魚市(Fisketorget)、布瑞金博物館(Bryggens Museum)、瑪莉亞教堂(Mariakirken)、弗洛伊恩山(Floyen)

松恩峽灣 Sognefjord

松恩峽灣全長約204公里、深約1,308公尺，是世界最長也最深的峽灣，險峻陡峭的山坡、清澈如鏡的湖面、皚皚白雪的高山再加上波濤洶湧的瀑布，是來到挪威絕對不容錯過的超級景點。

奧斯陸的卡爾約翰斯大道

搭登山電車上Floyen之車站

沿峽灣而建的卑爾根

丹麥

行程規畫參考
P78

哥本哈根
København

哥本哈根為丹麥的首都兼最大港口,市區到處可見綠意盎然的公園,優美的環境會讓旅人不知不覺地放慢腳步來欣賞,2008年被雜誌評為最適合居住以及最佳設計城市,足以證明它無窮的魅力。

觀光重點:美人魚雕像(Den lille Havfrue)、新港(Nyhavn)、Strøget 購物步行大道、玫瑰堡(Rosenborg Slot)、市政廳廣場(Rådhuspladsen)、圓塔(Rundetårn)

歐登塞 Odense

歐登塞是丹麥的第三大都市,知名童話作家安徒生的故鄉,童話故事迷們可絕對不能錯過這個至今仍保留著古城風貌的可愛城鎮。

觀光重點:安徒生故居(Hans Christian Andersens Barndomshjem)、安徒生博物館(Hans Christian Andersens Hus)、安徒生公園(Hans Christian Andersens Haven)、聖克努德教堂(Skt Knuds Kirke)、菲英戶外博物館(Den Fynske Landsby)

菲特烈堡
Frederiksborg Slot

菲特烈堡位於哥本哈根西北方的Hillerød小鎮,採用的是荷蘭文藝復興時期的建築風格,有丹麥的凡爾賽宮之稱。

觀光重點:廣場噴泉、裝飾華麗的教堂、勳章室、國王祈禱室、玫瑰廳堂、城堡建築外觀

克倫堡
Kronborg Slot

莎士比亞名劇《哈姆雷特》的故事背景就在克倫堡,因而舉世聞名。這是由荷蘭建築師於西元1420年所設計建造,為丹麥文藝復興建築中最豪華的,也是丹麥唯一列入世界遺產的城堡。

菲德烈堡(攝影/Tony Yu)

小美人魚雕像(攝影/Tony Yu)

新嘉士伯美術館(攝影/Tony Yu)

哥本哈根的歌劇院 (攝影/Nicole)

新港是丹麥的地標之一(攝影/Tony Yu)

捷克

行程規畫參考 P27、P51

布拉格 Praha

布拉格為捷克共和國的首府，是中歐地區最具有歷史性的城市之一，市區裡匯集了許多華麗的古建築城，建於9世紀的城堡及遍布滿街藝人的查理大橋，彷彿讓你走進了歷史的典籍裡。

觀光重點：查理大橋(Karlův most)、布拉格城堡(Pražský hrad)、貝特辛山丘(Petřínské sady)、聖尼可拉教堂(Kostel sv Mikuláše)、舊城廣場(Staroměstské náměstí)、舊市政廳(Stará radnice)

契斯凱·布達札維 České Budějovice

契斯凱·布達札維位居馬歇爾河(Malse)和伏爾塔瓦河(Vlatava)的匯合處，是百威啤酒的發源地，因而又叫百威城。由於曾經有許多德國商人移居於此，因此今日的小鎮帶有些許德國風情。

觀光重點：聖尼可拉斯教堂(St Nicolas Churche)、普傑米司拉廣場(Namesti Premysla Otakara II)

克倫洛夫 Český Krumlov

克倫洛夫號稱波西米亞地區最美麗的小鎮，市區裡的房屋以鮮豔的紅磚瓦組成，搭配五彩繽紛的顏色，彷彿就是童話故事的場景一般。花點時間漫步在小巷弄，是體驗這個世界遺產小鎮的不二法門。

觀光重點：克倫洛夫堡(Zámek Ceský Krumlov)、舊城廣場(Námesti Svornosti)

卡羅維瓦利 Karlovy Vary

卡羅維瓦利是以溫泉療養聞名的觀光勝地，已經有6百多年的歷史。在這個處處可見溫泉的城市，除了可以泡溫泉、喝溫泉水外，精美奪目的溫泉迴廊建築也是參觀的焦點。

觀光重點：磨坊溫泉迴廊(Mlýská Kolonáda)、莎多瓦溫泉迴廊(Sadová Kolonáda)

查理大橋

布拉格的蔬菜市集

布拉格的天文鐘

貝特辛山丘

布拉格景點資訊

- 布拉格城堡 www.hrad.cz
- 查理大橋 www.prague.eu
- 貝特辛山丘 www.prague.eu
- 舊城廣場 www.tyn.cz
- 舊市政廳 www.prague.eu
- 火藥塔 www.svmikulas.cz
- 市民會館 www.obecnidum.cz
- 國家博物館 www.nm.cz
- 裝飾藝術博物館 www.upm.cz
- 庫納霍拉 www.kostnice.cz
- 猶太博物館區 www.jewishmuseum.cz

宮廷劇院

維也納的中央市場

維也納的觀光列車

奧地利

行程規畫參考
P37、P51、P56

維也納 Wien

充滿文藝氣息的維也納,是奧地利的首都,許多舉世聞名的音樂家曾經在此創作出流傳千古的名曲。來到這邊旅遊,除了參觀市區之外,別忘了欣賞歌劇或聆聽動人的音樂會。

觀光重點:聖史蒂芬大教堂(Stephansdom)、霍夫堡(Hofburg)、熊布倫宮(Schloss Schoenbrunn)、新市政廳(Neues Rathaus)

葛拉茲 Graz

葛拉茲距離維也納約200公里,是奧地利的第二大城。舊城區裡完善地保存中古世紀的風貌,典雅的房舍外牆盡披著彩繪壁畫,美輪美奐的舊城還被列為世界遺產之林。

觀光重點:中央廣場(Haupt Platz)、城堡山(Schlossberg)、城堡皇宮(Burg)、葛拉茲藝術館(Kunsthaus Graz)、史坡街(Sporgasse)

哈斯達特 Hallstatt

哈斯達特是以產鹽聞名的湖畔小鎮,擁有得天獨厚的湖光山色,美麗的風景像是人間仙境一般。除了欣賞湖畔的村莊之外,也可以搭乘纜車到山頂參觀鹽礦,還能居高臨下眺望這美不勝收的小鎮風情。

薩爾斯堡 Salzburg

莫札特的故鄉「薩爾斯堡」德文的原意是指鹽堡,早期因為開採鹽礦的關係,使得城市開始蓬勃發展,後來更藉由電影「真善美」在此取景因而聲名大噪。

觀光重點:莫札特故居(Mozarts Geburtshaus)、莫札特之家(Mozart Wohnhaus)、格特萊德街(Getreidegasse)、郝恩薩爾斯堡城堡(Festung Hohensalzburg)

維也納景點資訊

- 霍夫堡 www.hofburg-wien.at
- 藝術史博物館 www.khm.at
- 自然史博物館 www.nhm-wien.ac.at
- 國會大廈 www.parlament.gv.at
- 城堡劇院 www.burgtheater.at
- 熊布倫宮 www.schoenbrunn.at
- 卡爾斯教堂 www.karlskirche.at
- 國家歌劇院
  www.wiener-staatsoper.at
- 新市政廳
  www.wien.gv.at/stadtplan
- 聖史蒂芬大教堂
  www.stephansdom.at

林茲 Linz

曾經是歐洲文化之都的林茲,濱臨於多瑙河畔,雖然它是以工業城鎮起家,不過經過多年的發展之後,市區裡現代化的建築和舊房舍融為一體,隨處瀰漫著文藝氣息的新風貌。

觀光重點:中央廣場(Haupt Platz)、電子藝術中心(The Ars Electronica Center)、舊大教堂(Alter Dom)

觀光篇

奧地利、匈牙利、愛沙尼亞

匈牙利

行程規畫參考 P56

布達佩斯全景

布達佩斯 Budapest

布達佩斯為匈牙利的首都，是由布達和佩斯所組成的雙子城。布達佩斯在歷史上經歷過許多民族的統治，因此市區也呈現多元化的典雅風格。美麗動人的景象，素有東歐巴黎的美稱。

觀光重點：蓋特勒丘陵(Gellért-hegy)、漁夫堡(Halászbástya)、國會大廈(Országház)、塞契尼溫泉(Széchenyi)、城堡山(Várhegy)、布達皇宮(Királyi Palota)、鎖鏈橋(Széchenyi Lánchid)

鎖鏈橋

愛沙尼亞

行程規畫參考 P53

塔林 Tallinn

塔林是北歐地區保存最完善的中古世紀城市之一，由於曾經被丹麥、瑞典和蘇俄等列強統治過，因此豐富的古蹟林立在舊城的各角落，理所當然地被選為世界遺產之列。

觀光重點：市政廳(Raekoda)、市政廳藥局(Raeapteek)、長腳街(Pikk jalg)、短腳街(Lühike jalg)、亞歷山大‧涅夫斯基大教堂(Aleksander Nevski katedraal)、圖皮亞城堡(Toompea loss)

塔爾圖 Tartu

愛沙尼亞的第二大城—塔爾圖，是個因貿易而發展的小鎮，後來塔爾圖大學成立之後，這裡成為全國的文學與藝術薈萃之都。現在這個人口10萬人的小鎮裡，學生及老師的比例就高居十分之一，處處充滿了文藝書卷的氣息。

觀光重點：市政廳廣場(Raekoja plats)、塔爾圖大學(Tartu Ülikool)、教堂山丘(Toomemägi)、天使橋(Inglisild)、

帕努 Parnu

濱臨波羅的海的帕努，是一處洋溢著度假氛圍的小鎮，每逢陽光普照的夏天，這裡就搖身一變成為炙手可熱的旅遊勝地，當地民眾還自豪地說帕努是愛沙尼亞「夏天的首都」！

觀光重點：騎士路(Rüütli)、亞門德別墅(Ammende Villa)、驛站酒館餐廳(Trahter Postipoiss)

塔林的聖凱薩琳通道

里加市區的攤販

維紐斯大教堂

拉脫維亞

行程規畫參考 P53

里加 Riga

靠近道加瓦河(Daugava)出海口處的里加,是拉脫維亞的首都,由於其重要的戰略位置,歷史上成為各國覬覦的目標,因此里加成為東歐地區文化的融爐,發展為波羅的海地區最大的城市。

觀光重點:市政廳廣場(Rātslaukums)、黑人頭之屋(Melngalvju nams)、聖彼得教堂(Svētā Pētera Baznīca)、里加大教堂(Doma Baznīca)、聖約翰教堂(Svētā Jāņa Baznīca)、貓之屋(Kaķu māja)、三兄弟之屋(Trīs brāļi)、自由廣場(Brīvības piemineklis)、中央市場(Centrāltirgus)

麗也帕雅 Liepāja

原本是個小漁村的麗也帕雅,因為擁有終年不結冰的港口,而發展成兼具航運、軍事、漁業等多功能的濱海城鎮,目前為拉脫維亞的第三大城。每年無數的展覽及演唱會在此舉行,因而獲得「音樂之都」的封號。

觀光重點:貿易運河(Tirdzniecības kanāls)、琥珀時鐘(Dzintara pulkstenis)、搖滾咖啡館(Rokkafejnīca)

立陶宛

行程規畫參考 P53

特拉凱 Trakai

特拉凱小鎮位於維紐斯近郊的Galvė湖區,為冰河時期所形成的冰河湖群,這裡大大小小的湖泊加起來共有32個,不但風景秀麗怡人,特拉凱的湖中城堡(Trakų salos pilis)更是立陶宛古代的軍事要塞堡壘,自古以來一直扮演著舉足輕重的角色。

希奧里艾 Šiauliai

西奧里艾當地人稱之為「修壘」,意指陽光的城市。這個小鎮雖然看似平淡無奇,可是近郊的十字山,卻是一處會讓你眼睛為之一亮的景點。

觀光重點:十字山(Kryžių kalnas)

維紐斯 Vilnius

立陶宛的首都維紐斯,保存了許多中世紀遺留下來的古老建築,從哥德式、文藝復興、到巴洛克式,如同一件件藝術品般地林立在市區各角落,精采絕倫的古蹟宛如是一座戶外的博物館。

觀光重點:黎明之門(Aušros Vartai)、皮利斯街(Pilies gatvė)、傑迪米諾大道(Gedimino prospektas)、維紐斯大教堂(Vilniaus arkikatedra bazilika)、聖安教堂建築群(Šv. Onos bažnyčia)、維紐斯大學(Vilniaus universitetas)

考瑙斯 Kaunas

立陶宛的第二大城考瑙斯,位於該國最大的兩條河流交會處。這個由古羅馬人所建造的城市,既古典又充滿韻味,不難看出它是匯集數千年文明所蘊育出的瑰麗寶石。

觀光重點:雷斯維大道(Laisvės Alėja)、舊市政廳(Rotušės aikštė)、亞歷索塔山丘(Aleksotas)、維陶圖橋(Vytauto Didžiojo tiltas)

填線上回函，送 "好禮"

感謝你購買太雅旅遊書籍！填寫線上讀者回函，
好康多多，並可收到太雅電子報、新書及講座資訊。

好康1

每單數月抽10位，送珍藏版
「祝福徽章」

方法：掃QR Code，填寫線上讀者回函，
就有機會獲得珍藏版祝福徽章一份。

好康2

填修訂情報，就送精選
「好書一本」

方法：填寫線上讀者回函，並提供使用本書後的修
訂情報，經查證無誤，就送太雅精選好書一本（書
單詳見回函網站）。

＊同時享有「好康1」的抽獎機會

開始在歐洲自助旅行
（新第四版）

bit.ly/2BP17MO

＊「好康1」及「好康2」的獲獎名單，我們會
於每單數月的10日公布於太雅部落格與太
雅愛看書粉絲團。

＊活動內容請依回函網站為準。太雅出版社保
留活動修改、變更、終止之權利。

太雅部落格 http://taiya.morningstar.com.tw

有行動力的旅行，從太雅出版社開始

太雅22週年慶

登錄發票，抽好禮，首獎 CASIO 美肌運動防水相機

凡於 **2019.1.1-9.30** 期間購買太雅旅遊書籍（不限品項及數量）上網登錄發票，即可參加抽獎。

精緻好禮等你拿

登 錄 發 票

CASIO美肌運動
防水相機
（型號：EX-FR100L）

首獎
3名

普獎
100名

M Square旅用瓶罐組
（100ml*2＋50ml*2＋圓罐*2）

掃我進活動頁面

活動時間
2019/01/01〜2019/09/30

發票登入截止時間
2019/09/30 23:59

網址
taiya22.weebly.com

中獎名單公布日
2019/10/15

活動辦法

● 於活動期間內，購買太雅旅遊書籍（不限品項及數量），憑該筆購買發票至太雅22週年活動網頁，填寫個人真實資料，並將購買發票和購買明細拍照上傳，即可參加抽獎。

● 每張發票號碼限登錄乙次，即可獲得1次抽獎機會。

● 參與本抽獎之發票須為正本(不得為手開式發票)，且照片中的發票上須可清楚辨識購買之太雅旅遊書，確實符合本活動設定之活動期間內，方可參加。

　*若電子發票存於載具，請務必於購買商品時告知店家印出紙本發票及明細，以便拍照上傳。

◎主辦單位擁有活動最終決定權，如有變更，將公布於活動網頁、太雅部落格及「太雅愛看書」粉絲專頁，恕不另行通知。